愿颂赞归於我们的主
耶稣基督的父神，他在基
督里曾赐给我们天上各样
属灵的福气。

王明道
1989.10.12.

王明道

1985年 10月

1990年 3月 29日
王太太劉景文81歲生日

走窄路

王明道真實故事

大衛弟兄的前著

——《中國：我愛你》

合著者——吳鼎丹和沙里貝

走窄路

王明道眞實故事

——大衛弟兄和姬莉拉、沙里貝

▼

走窄路

王明道真實故事

原著
大衛弟兄 Brother David

譯者
俞路加

責任編輯
張小鳴

裝幀設計 / 封面攝影
蔡桂球

■

出版 / 發行
基道出版社
香港沙田火炭坳背灣街 26 號富騰工業中心 1011 室
LOGOS PUBLISHERS
Unit 1011, Fo Tan Ind. Centre, 26 Au Pui Wan St., Shatin, Hong Kong
電話：(852) 2687-0331　傳真：(852) 2687-0281
網址：http://www.logos.com.hk

承印
海洋印務有限公司

●

7/1990 初版　10/1991 二版　4/1994 三版　11/1998 四版
Cat. No. LP406-4A
ISBN-10: 962-7048-73-9
ISBN-13: 978-962-7048-73-2
Original Edition "Walking the Hard Road: Wang Ming Tao"
Published by Marshall Morgan and Scott Publications Ltd.

刷次	11	10	9	8	7	6	5	4	3	2
年份	2022	2021	2020	2019	2018	2017	2016	2015	2014	2013

作者簡介

大衞弟兄是一位美國宣教士，他跟安得烈弟兄一起在「敞開的門」(Open Doors) 裏侍奉主；而「敞開的門」是一個福音機構，專門供應聖經及不同的幫助給信仰受壓制國家中的教會。為此，他在亞洲已度過了二十四個年頭，也負責「敞開的門」亞洲部及中國區的事工有十五年了。他也是《中國：我愛你》一書的作者，此書在全世界已有超過十二種語言的譯本*。

大衞弟兄在勸勉的職事上，在愛顧亞洲教會，特別是中國教會的事工上已經付出許多。他對中國的十億寶貴靈魂，有着熾烈的異象。他跟香港的大部分中國傳道人有很密切的關係。大衞弟兄是王明道夫婦的摯友，也是中國衆教會的忠實朋友。今天，他是東門國際事工的創辦董事，東門國際事工是一個與中國的十一億人民交流、予以鼓勵和建立外交的事工。

---

*大衞弟兄與吳鼎丹、沙里貝合著，於一九八三年由披利事有限公司譯成中文出版。

序　言

我在「基督裏的叔叔」——王明道——的《走窄路》會帶你經歷他一生中的許多路徑。本書分成幾部，每部代表他走過的一條道路，而每條道路對你我都有重要的信息。我們走上這些道路時，王明道的禱告是：但願你我都揀選「走窄路」。

大衛弟兄

一九八九年

作者按：大部分英語著作把王明道的名字寫成“Wang Ming-Dao”。然而，在一次探訪他時，他親自在染塵的窗子上簽上了“Wang Ming-Tao”。

「至於我，我要仰望耶和華，要等候那救我的神。我的神必應允我。我的仇敵啊！不要向我誇耀；我雖跌倒，卻要起來。我雖坐在黑暗裏，耶和華卻作我的光。我要忍受耶和華的惱怒，因我得罪了祂；直等祂爲我辨屈，爲我伸冤；祂必領我到光明中；我必得見祂的公義。」

（彌七7～9）

王明道

上海，一九八五年

目　錄

第一部

他的問候

「一路上救主引領我。」

——詩歌《一路引導》

2　走窄路

第一章

新朋友

上海市的夜空充滿了煤煙，我們的公共汽車在繁忙的街道上徐徐前進，經過一盞盞暗橙色的路燈。馬路兩旁古老的磚屋還是解放前造的，汽車開過時，幾乎看不到門牌上的號碼。

我忽忽地看了看那些擠在車上、身穿藍布衣服的乘客後，視線就落在我的同伴——安迪和司提反——身上，他倆是我最信任的老同事。我們三人的目的地是一處家庭聚會點，只有司提反認得路。忽然間，他看到了一個樓房的號數，示意我們下車。

我們在黑夜中前行，而三月的風仍是陣陣刺骨；每逢要探望中國家庭教會，心裏總也帶着幾分緊張。這種家庭聚會必須是祕密的，參加這種聚會的基督徒也要冒很大的險；所以，遇上其中有一位信徒來接我們時，那是令人驚喜之事。

他姓林，是那個聚會點的主人。他叫我們不要作聲，在陳舊樓房的黑影下跟着他走。我們悄悄地靠着幾幢樓房走，後來向右轉進一個小巷；在狹窄通道上，頭頂上都是些晾着的衣服，有如結綵；再走二十公尺左右，小林突然向左一轉。

最終，我們踏進一間十分簡樸的寓所，裏面的溫暖和平安如浪潮般漫過我們。小林的妻子——阿萍，和兩個兒子進寓所後，我們就不再遲疑，立即把謹慎暗藏的貨物——一百本聖經，交在他們感激、顫抖的手裏。

「眞是神蹟……」小林不敢置信地說：「在昨晚，我們已經把過去得到的聖經全部分完了。現在，主又奇妙地領你們到來，且帶來了更多的聖經，讚美主！」

小林把這財寶拿進一間簡樸的卧室，珍藏在牀腳邊的衣箱裏。他回到客房後，我們就一起禱告，向主獻上感謝。

我們遇到的中國家庭，不論貧富，其熱情好客程度眞是無與倫比的。萍不但給我們端上沸水泡的茶和湯糰，還因我們久候而有歉意。我開始有點着急，因那晚我們還有工作要完成。我甚麼時候才能提出令內心不安的問題呢？

談話終於中斷了。我吸了口氣。「你們是不是知道……」我有點吞吞吐吐：「怎樣才能跟王明道夫婦見面？」

司提反端詳了萍一會，便對她說：「我們很想見到王明道先生。」她點點頭。

萍似乎在仔細考慮當時的情況，她最後說：「現在到他那裏去，是很不方便的。不過……」她估計一下可能性後，接着說：「你們明天下午兩點左右再來這兒，行嗎？」

萍解釋說，在她家與王明道夫婦見面，要比在王明道家方便。因爲她在國外有許多親戚，在她家招待外國客人就比較自然些。

我們一起約定了見面時間，作了個祝禱。我們走到大街上去乘公共汽車時，心裏非常興奮，不單滿心感激這些朋友，也滿心感謝帶領我們相聚的父神。

在公共汽車穿越上海市區回賓館的途中，有一股非常熱切的希望湧上我心頭。我們沿途都沉默無語。我對自己說，**如果主讓我們會面成功的話，很快我們就會跟這兩位神寶貴的僕人相聚了！**

我怎樣也沒想到，這次就是以後多次會見的頭一次，怎也不知道，竟有一天我要稱那勇敢而堅定的老人家爲「叔叔」，稱他那有生命力的妻子爲「嬸嬸」。

次日下午，我們再來到小林家。在陽光之下，我們看得更清楚周圍的環境。上海的交通實在繁忙，繞着繁忙海港的外灘大道上，有無數的自行車和公共汽車混在一起，往返穿梭。大道邊肅然矗立着一幢幢歐洲式建築物，高過樹頂，正俯視世界，好像表示它們是從地球另一面借過來的。

很快，我們的公共汽車就轉入一條較窄的馬路。衣着單調的工人在行人道上匯聚成一條條人流，一個賣掃帚的人卻在他的草織貨品上打瞌睡，一點也不理會人流。在掛着紅橫幅的國營市場中，顧客在選購油膩的火腿和排骨。我們愈向市內走，所見到的房子也愈古舊。

我們路過許多五光十色的市場，和許多頂角彎曲的大頂房子，直至到了小林的簡陋居所，走了進去爲止。這是第二次到這裏了，我環顧一下昨晚來過的這個寓所。在房間的一頭是一個打掃得很乾淨的空壁爐，前面是兩張沒有輭墊的棕色椅子。

在房間的另一頭有一張古雅的圓桌，桌的上方是一盞吊燈，燈泡露在外面。房間內的布置並不好看，最美的倒是在座十位基督徒面上的光采，他們正等候王明道夫婦來臨。

交談不久，我們就得悉其中五位曾坐過牢，只因爲他們是基督徒，而坐牢的時間加起來達八十年。我凝視着他們，熱淚刺痛了眼睛。**我根本不配跟他們平起平坐！我怎配跟他們交談呢？他們經過火的試煉，而我卻未嘗過。**

在王明道到達前，我已經聽他們談論有半小時多。我爲所聽到的而驚奇。昨晚，我們臨走時，萍作了個禱告。她特別禱告說，明天相聚時，求聖靈保守，只帶領那些合適的人來交通。現在，我們已經身處這十二個人中間了，而他們事前竟不知道有這次聚會呢！

原來那天下午，在座的每個人都曾感到裏面有催促要到林家。他們只知道要來，而現在他們都在這裏，主引領了他們來會見王明道夫婦。他們本只想到見我們，但完全沒想到這天下午是跟王明道先生相聚。

雖然如此，他們中沒有一人不知道這老人家是誰，王明道是他們當中的傳奇人物。那天是一九八〇年三月，他出獄才三個月。之前，他曾被判處無期徒刑，且已服過二十二年零十個月的刑。

三時左右，我們聽到外面沙沙作響，這位傳道人和他夫人終於來了。我們的目光立即投向門口，而我永不能忘懷見到這兩位忠心天路旅客時的景象。

那彷彿是兩道光芒，霍然照進了房間；他倆的面容彷彿眞的映照出神的榮光。

這位老先生削長的臉露出微笑。那份刻在他臉上的智慧使我聯想起那安詳、老練的貓頭鷹的高貴品格；恩典和平安似乎繚繞着他。

我自忖：**主啊！我覺得自己像是站在祢的天使面前。**

他跟我們一一打招呼；並認識每一個人。有人繙譯他的問題：「你是誰？」「你從哪兒來的？」王明道的眼睛近乎失明，所以他貼近我們，審視我們每一個人的臉。不過，他的眼睛好像能穿越我們心靈的最深處。

老人家的聽覺也不好，所以他戴着一個又怪又古老的助聽器，它的一頭塞在他右耳上，由電線連着一個小盒子。音量時而變得很大，以致房間裏響着刺耳的聲音。

介紹完畢後，我們十四人就開始聚會；萍請兩位長者坐在火爐邊的兩張舊椅子上，然後，送上茶和味美可口的湯糰。我們的交通就正式開始了。

在親切的交談中，我打量寓所內的一切。幾乎所有的人都穿褪了色的中國藍布服。除了一位外，姊妹都穿長褲。他們這樣的外表，代表了全國大城市作息的廣大羣衆。那時期，幾乎人人都穿深藍或軍綠色衣服。今天的景象有些不同了——花式較多了。再者，每人都需要與羣衆認同。

司提反繙譯談話內容時，我自己在想，**談話內容眞有意思，儘管在座的人多半都坐過牢，但是他們都聚精會神地聆聽這位老先生的說話，他們非常關注他的經歷，沒有人想要吸引別人注意。**

我想起自己在西方教會肢體生活中屢次遇見的事情。我曾聽到針鋒相對的舌戰，某一方總是想擊敗另一方。許多時候，年青人滔滔不絕，口若懸河，年長的噤若寒蟬，緘默不言。我想，**這裏完全是另一個世界，這些弟兄竟是那樣地尊重長者，這實在是值得學習的。**

唱詩聲把我的沉思帶回現實。王明道夫婦領大家敬拜的時候，熟悉的曲調響遍洋溢着愛的寓所。《奇異恩典》、《耶穌恩友》、《主領前程》都是王明道最喜愛的詩歌；歌聲像是詠自心坎，上達天庭。時間如飛過去，不知不覺中四個半小時已經過去了。

在我們長時間的交通中，萍的母親爲我們準備吃的。慷慨的主人還傾盡綿力待客，請我們一個個在餐桌旁就坐，一道接一道地，共來了七道中國小菜。他們竟是那麼樂意犧牲，甘心把自己家裏最上好的東西，拿出來和大家一起分享。

我看着一張張喜悅的面容時，心在想，今天的經歷眞是珍貴，跟七位因信基督而多年坐牢的人在一起用飯，我知道這頓飯比起牢裏的任何食物來說，眞是宮殿盛宴了。我眞想離席，讓他們好好享受呢！

我聽到安得烈弟兄——「敞開的門」的創辦人和主持人——常講，我們探望動盪國家的受害教會，會給他們很大的鼓勵，不僅是因爲我們送聖經給他們，更重要的是我們之間所建立的情誼，會觸摸到他們的心。

與這一小羣的信徒一起禱告，是我畢生難忘的經歷。他們活在神前是那麼的自然，讚美的話從他們感恩的心中流露出來，就如在陽光下噴泉中閃閃發光的水花。

門外，在繁忙的上海街道，暮色早已籠罩全市。小林的客人依依不捨地雙雙告辭，回到自己簡陋的住處去了。他們一面走路一面禱告，因爲他們知道當局在監視他們的行動。我們留至最後才走，還在回味着王明道先生講過的話，把它當無價珍寶藏在記憶中。我們還能再見到他嗎？難道就這樣忽忽分手了嗎？

最後，王明道夫婦也告辭了，他們在中國的夕陽裏隱沒了。他們是眞理勇敢的活生生象徵。我凝望着他們離去，他們終於在小巷消失；但在我腦海裏，我仍在檢視這位老信徒的生平——他是基督教信仰中獨一無二的英雄。若聖經是在今天才寫的話，王明道必定榜上有名。

在西方，聽聞王明道名字的人不多，幾乎無人傳講他的事蹟，也少有人傳揚他的信息；北美和西歐的大多數人不能體會他受苦的環境。

然而，我從王明道身上學到重要的眞理，無論在地球上那裏，眞理終歸是眞理。我跟王明道坐在一起的時候，我從他領受了財富，所以我渴望把它們傳給全世界的弟兄姊妹。

王明道一生的痛苦歷程，是從二十世紀閉關自守的、軍閥割據的時候開始；如今，他已八十有餘了，而人類已經跨入電腦和噴射機飛行的時代了。今天，他發現自己竟身處在一個躊躇地與西方開始建立邦交的國家中。

他是個怎樣的人物呢？他所代表的是甚麼呢？

他的信息又怎麼能應用在你我身上呢？

第二部

他的事蹟

「我是彼得……我是彼得。」

——王明道

第二章

新世紀的誕生

一九〇〇年，北京的街道一片混亂，驚恐萬分的人羣摩肩擦背地擠進北京的使館區，因爲鎗聲愈來愈近，他們都在發抖；在使館區的圍牆外面，尖叫聲及士兵的怒喝聲，四處可聞。

在過去五十年間，中國曾兩次分別與英法戰爭。此時，義和團的動亂給中國帶來更多的苦難和憂傷。多年後，王明道先生在他的自傳《五十年來》[1]中，對這次內亂有以下的描繪：

> 「慈禧太后因爲聽信一些無知的官吏的話，獎勵義和團，仇殺外國人和基督徒，惹起一場大禍，結果聯軍入京，兩宮西狩……」

六月下旬的一個下午，一個青年十分驚恐，渾身發抖，爬上一條搖搖晃晃的梯子，從使館區的圍牆向外張望；因爲他再也忍不住心內的掛慮，他一定要親眼目睹牆外的實情。他爬上梯子注視那熟悉的街道，這下子卻嚇得他渾身冒冷汗。

入侵的士兵就在牆外。

他爬了下來，死亡的懼怕焚燒着他的心。他看見滿臉冷汗、懷着孕的愛妻和小女兒。**死亡已夠可怕，但士兵入侵後，他們的折磨更可怕，我眞怕受不了，……**

瘋狂的恐慌籠罩住整個地區，當晚有多人自殺，因爲自盡的苦痛總比不可知道又肯定臨頭的慘劇還要好受。誰能忍受目睹妻兒慘死呢？等着瞧的心情太難受了。

這位青年在一個陰冷角落消失，自盡死了，留下妻子和小女孩。過了一個月，他妻子生下一個男孩，他是在苦難重重的中國北京城裏，由他外祖母接生的。

「他像塊鐵……」年老的外祖母講，指出這男嬰的身體很健壯。他會在二十年後給自己起個新的名字，以反映他屬靈的新生。

義和團之亂導致一千九百名基督教徒和三萬名天主教徒喪生。此外，約有一百八十八位基督教宣教士和四十七位天主教神父，也在這期間犧牲了生命。

王先生的童年生活是在極度貧困中度過的。他母親只能爲自己和兩個孩子找到安身之所。淸晨上學前，她那頭髮烏黑的小兒子，就要到有錢人家門口的垃圾堆裏去撿煤渣，裝在筐裏拿回家去燒，這可減少家裏的柴火開支，多買點吃的。

儘管生活很艱苦，這小男孩非常好學，他喜歡推敲字義，稍爲長大一點後，他就開始有興趣思索有關貧富、生死等人生意義了。

「死亡——完蛋……」王明道在自己的書中說：「我不甘心接受這不可避免的事，我要尋求一條生路……我記不起我在幾歲開始想到這些事，但我知道那是我入學前發生的，總在六至九歲之間。」

王明道童年時代的中國，是一個在軍事上高度戒備的國家。在已過的二百年中，中國幾千年來的優秀文化和高度文明受到西方商人和傳教士入侵，中國長期享有的閉關政策受到了衝擊。現在中國站起來咆哮，公開反抗一切外來的、有損於中國光榮獨立的西方影響；但是內亂一直奪去無辜百姓的性命，使局勢變得愈來愈壞。

在這樣的時代背景中，一個敏銳機警的孩子，在當時北京城裏長大，並不引人注目。他注視着周圍在掙扎中的人，他不僅思索着他們的行爲本身，而且也思索着那造成他們行爲的特定原因及意義。這孩子看到他母親長年勞碌，爲的是補償她在暴亂中損失的。

爲甚麼人生苦海無涯？難道只有死是惟一的抉擇？

他那睿智的思維反覆地探索這些奧祕，並從各個可能的角度探討。「我怕死，但我知道遲早難逃一死；我追求長生，但得不着長生的保證。我悲觀，我失望，沒有人能夠帶給我喜樂！每逢讀書或玩耍的時候，我會興高采烈，但一想到人類的死亡，我就痛苦萬分。」

然而，最後有一位同學接觸他，並開始跟他談論人與神的個人關係。他是一個外表善良的孩子，王明道常能從這朋友身上看出剛强的品格和慈愛的態度。

「我想跟你談談有關神的事……」在王十四歲那年，這位好同學在一天下午柔和地對他的朋友講了起來。

在這關鍵性的談話中，他說明了神早在二千年前，遠在耶路撒冷的十字架上開始了奇妙的救恩計劃。在王明道腦海裏，他心中問題的答案漸漸地浮現出來了。對，人死了以後還有生命，就是藉着耶穌基督捨命而得的永恆生命。神選擇了爲人捨命。

確實，罪如病毒，毒害了多少人的命，但如今卻有了盼望，人能夠藉着心思的更新而改變。

「我極清楚自己內在的改變，但我不明白這是怎麼一回事，以前我說盡各樣壞話，做盡各樣壞事，心中一點不覺得慚愧難過，但那一年以後我就完全不同了 …… 從一方面說，我有了信仰，有了目標，有了向上的心志，不願再糊糊塗塗的過日子了 …… 從另一方面說，我心中出現爭戰，我感到善惡對立的勢力。」

年青的王明道對宇宙中的許多重大問題絕不等閒視之，他是一個思想深沉的小伙子，處事嚴肅認眞，他內心深處始終渴慕完美和完善。他也像保羅一樣在兩難之間掙扎：「因爲立志爲善由得我，只是行出來由不得我……」（羅七18）。

儘管他有許多的失敗和挫折，然而他的屬靈生命卻繼續成長。正當二十世紀中國發生的事件，有如海中激流的波浪在他身旁爆發，他愈來愈接近那位「和平的君」和只有神才能賜下的「平安」。

眼看着錯誤的外交政策給中國帶來混亂景象，王明道常想他將來的使命是投身政界。不過，在十五歲時，王明道和那位領他信主的少年一起在北京街頭上散步。

他們的談話大致上是表面的，但是忽然間王的同學問：「你有沒有決定將來作甚麼？」

「我從來沒有想過，想作甚麼就作甚麼吧。」

「這是，」他對他講：「不行的。你得有個目標，你最好想清楚。」

王明道很欽佩這朋友，也很尊重他的意見。這使王明道心裏產生矛盾，並且一直維持了五年之久。神明顯地呼召他事奉祂，而他還沒有準備好永久委身。

二十歲那年，經過了一場與疾病和靈命易變的大鬬爭，王明道終於作出了抉擇。

「到了一九二〇年春，我已經無條件地降服在神的面前，願意接受神的呼召。」

王明道的揀選最終很明確，服侍神就是他的未來。外面的歷程已由造天地的神定奪了，但很快另外一件事發生，使他裏面的方向也改變。

一位新學生來到了王明道的學校。談話之中，他問了一個老問題：「在我們的生命中罪又怎麼樣呢？」

王明道內心發火，**像我這樣好的基督徒，怎麼還會有罪留在我的生命中呢？**王明道一面這樣想，一面就強作冷靜去答這位好奇的同學。

但這位同學接着說：「有些信徒很熱心，工作也勤勤懇懇，但他們的目的不是榮耀神而是榮耀自己。」

王明道聽了這話，十分激動，但在他內省的心，他知道眞相。於是，他就煩悶起來，只爲了一個簡單原因——他有罪。然而，直到天黑他還是認爲，無論跟領袖、長老或牧師比，他都比他們優越。他周圍所見到的人都達不到他的理想。

「但是那天晚上，」王明道後來記述說：「我跪在牀邊承認我的罪時，一切都變了。所有人漸漸隱沒，只留下神和我了。我開始感到我裏面的敗壞和墮落……我在神面前戰兢恐懼起來，我愈是禱告愈是覺得自己不配。我是不潔的、惡毒的、可恨的。

「我跪在牀邊，一言不發，只是在灰塵中謙卑……我明白，若不是因着基督的寶血洗淨我的罪，我怎樣也沒有希望來到神面前。

「那天，我把自己重新奉獻給神，甘願完全順服祂，決意一生忠心服侍祂。從那天開始，我的生命奇怪地漸漸發生了變化。」

從那天起，他改名爲「王明道」——意思是，神要用他證明神的眞道。他早期的種種事蹟，確是令人難忘的。

在後來的六十多年歷程中，王明道異常的生命，長遠改變了中國的基督教會。

1. 王明道，《五十年來》，香港，晨星出版社，一九七六。

第三章

不尋常的路

寒冬朔風在中國大地上怒吼着。經過數星期冷酷無情的霜打，棵棵樹木更形堅立挺拔。一小羣人沿着冷清清的河邊走着。地面上蓋了幾寸厚的雪，河面上結了硬實的冰層。

他們終於停了步。河上有一條小橋，橋下的小瀑布仍繼續流動，未受影響。這些人凝視着這小瀑布及其周圍沒有被冰封的水池，開始脫下身上的外套和衣服。

他們冷得有點發抖了，趕快把單布長衫穿上。其中一人突然領先踏進冰冷的河水中，另一人跟隨其後。

王明道跟着下水，他閉上眼睛，心中默禱：**主啊！祢知道我付的代價，而且祢知道我這樣做，只爲了順服祢。天父，請祝福我。**

他們把王明道浸在水中，他一手搭着同伴的拳頭，一手放在背後，柔和而莊嚴地說：「奉父、子、聖靈的名……」。他從水裏起來時，頭髮也結了冰，僵硬的單布衫貼着他的身。他感到冰凍刺骨。因着這個經歷的緣故，他將失業，但他甘心順服。這對他是一件利害攸關的事。當日，其他五個學生跟着下水受浸。

王明道選定以全身浸禮來受洗，在當時這並不是一件容易的事。他受雇於長老會辦的學校，條件很好。他告訴上司他對浸禮的看法時，他們率直地回答：「如果你如此受浸，你就得離校；如果有任何學生跟隨你的做法，他們也得離校。」

後來，王明道描寫當時兩難的處境。「擺在我面前的是兩條路：一條是勇往直前，按眞理受浸。但是，這將意味着甚麼呢？我起碼面臨三個難處：第一，立即失業；第二，名譽受損，在那時我是愛面子的，況且我還有點名氣……第三，我的計劃會成泡影……」

一天晚上，校長到他房間裏來，「關於洗禮的問題，你決定怎樣？」

王明道仔細端詳了一番這位長者。無疑，這三個難處一一在他腦際閃過。但是，他回答：「先生，我打算受浸，我相信這是神要我這樣作的。」

校長給這青年一袋子銀幣，足夠他回北京的路費，「今晚，你就給我離開學校！」

「先生，今晚已經沒有火車，最後一班也開出了。即或去旅館，也得有點時間讓我收拾一下行李，交代一下我的職責呀！」

校長很勉强地容許他留到第二天早晨。王明道第一次强硬地堅持他的立場，以致得罪了當時的宗教團體，斷送了他的生計；然而，這只是開始而已。

王明道的這個決定所給他帶來的煩惱，是遠超過任何人所能料想的，幾乎和他相識的人都與他對立。「人被敵意所困，確是一個很不舒服的經歷；我在想，假如我能找到一份工作，那定能減輕老呆在家裏的煩惱，也會減少友朋對我的誤解……在那期間，我很不願意走出院前的大門。因爲我只要一走出去，就會碰到熟識的友人，也還會碰到一些不願意碰見的人。」

在那個危機時刻，一節經文深深地撫慰了他：「你們所遇見的試探，無非是人所能受的；神是信實的，必不叫你們受試探過於所能受的；在受試探的時候，總要給你們開一條出路，叫你們能忍受得住。」（林前十13）

神的道在王明道心裏始終是十分重要的，然而，他現在開始更全面地查考聖經，把所讀的消化吸收。他所受的教育和敏捷的思維，使他可以把握住神話語的更深入含意。

王明道深明神對人講的話，這使他有機會作教導。他開始跟別人一起分享神話語，不久，跟他查考聖經的人就多起來。他竭力按照耶穌基督的品格和態度，來傳講不妥協的福音。

在信徒中，他堅持追求聖潔，使他招來不少的批評，諸如：他「驕傲」、「愛論斷人」、「無情」等。然而，他在神前的事奉日久，他那愛神的心、眞誠且忠心的品德吸引了很多飢渴的基督徒參加他的聚會，一同在他們的天路歷程中追求長進和互相激勵。

王明道因着身邊的人的反對而受到傷害。他是個敏感的人，經常沉思。他說：「在那期間，我飽嘗了無限的辛酸，吃盡了諸般的苦味……嘲笑、誤會、愚弄、逼迫、憂傷——我都一嘗再嘗……『……我們經過水火，你卻使我們到豐富之地。』（詩六十六12）以前我只是念念這篇詩，現在我卻已經親身經歷這句話了。」

王明道的事奉愈來愈有果效之時，他常常會聽到微弱的信息潛入他的心思，引致他要想想是否應該走另一條道路。早在三十年代初，已有好幾萬人聽過他傳道，他那時正旅行佈道，因此他的名字也很快傳遍大江南北。

他乘火車怱怱地在農村奔馳，在搖晃的車廂內，他在想：**或許，我得放寬一下自己的主見！假如在講道中去掉那些冒犯人的話……假如我不再講他們認爲是神話的道理……假如我不再指責那些離經叛道的事……**

我會贏得更大的尊榮……我會避免誤會……我會成爲教會中具影響力、德高望重的大人物。

慈愛的天父爲祂所愛的兒女而發的微小柔聲糾正了王明道；他開始認識到，那是神話語的仇敵唆使他這樣去想的。他再一次下定決心，走「那條較少有人走的路……」。這樣作的結果是，他蒙他所事奉的主大大祝福。

一九三三年春，在北京，到王明道那裏參加崇拜的人已經非常多，使他不得不在城裏租用一間大的房子。這房子能容納二百人有餘；但過了不久，人數又增至四百五十，他須用另一個更大的建築物，因爲那房子實在空間有限。

最終，一個自建會堂的需要十分迫切。他們提交了設計，動工興建。一九三七年七月七日發生了蘆溝橋事變，中國抗日戰爭從此開始。「基督徒會堂」在八月一日落成，而在八月八日，日軍進駐北京。

儘管日軍的佔領限制了王明道的自由，但事工仍繼續下去。新聚會所對會衆是一個很大的祝福。在夏日，會所使他們免受曝曬；在隆冬，會所的牆壁擋住了刺骨寒風。「基督徒會堂」是神祝福王明道的明證。

在這期間，王明道的講道集在中國各地印刷發行。儘管仍有人批評他，但他愈來愈受人尊重。他對自己教會所持的立場在各處備受傳誦。

王明道堅持他的教會一定要保持獨立。他的意見是教會必須自給自足，不求國外的經濟援助；他也認爲教會必須自治，只是由中國信徒自己管理，無需任何外國人插手；他也認定在教會裏作教導和傳道的必須都是中國人——他們最懂得聽衆的處境和需要。

王明道的教會興旺了許多年，他的聲望也愈來愈高。隨着時間的推移，中國的政治處境也漸漸地起了變革。在一九四五年，抗日戰爭結束，另一個更兇惡的衝突又開始了。

蔣介石領導的國民黨軍隊迅即和毛澤東領導的共產黨軍隊開戰。經過四年的戰亂，國民黨軍隊戰敗了，而大多數中國人都歡迎毛澤東。他帶出了新中國的夢想，使人民期望更加美好的生活。

可是，要實現毛澤東的遠景計劃，人民必須付出流血的代價。正如艾得理 (David H. Adeney) 在《中國教會長征錄》*(China： The Church's Long March)*[1]一書所說：「毛澤東的理想不僅是要創造一個新社會，而且是要創造一種新人類。數百萬人被殺害，許多人跟國民黨逃到臺灣。」

在這段日子裏，全國各地的基督徒都受到很大的逼害。

此時，政府便發起三自愛國運動。新共產政府說，中國的教會一定要自治、自養、自傳。其實王明道在處理教會事工時，早就恪守這些原則了。但政府別有用心，爲的是要建立自己認定的基督教，以便控制整個基督教會。

王明道一眼識破政府的假面目。儘管「三自」的提法跟王明道的看法一致，但他仍拒絕加入「三自」的體系。他不但不跟他們合作，而且一如既往，指責他所不以爲然的事物。

在王明道信息集——《教會的呼召》[2]引言中，記述了他指責後的結果：

> 「一九五五年八月七日深夜，王明道和夫人，以及基督徒會堂的許多信徒被捕、被綁架入監。王明道因爲是反革命分子，被判處十五年徒刑。幾週後，他的教會被關閉了。」

但對王明道來說，進監只不過是受苦的開

始。約三十年以後，他對我說：

「活在今世，人會遇到三大試探：一是物質享受，二是驕傲，三是肉體。這些我都遇到過了……感謝神，我並未因這些而跌倒。

「然而，最後我跌倒了。爲甚麼呢？因爲懼怕。

「我跌倒後才明白箴言二十九章25節的話：『懼怕人的，陷入網羅，惟有倚靠耶和華的，必得安穩。』我跌倒並非因金錢或虛榮，也非因肉體的情慾，而是因爲懼怕。

「如今，經過了這麼多年的大試煉，我又學會一個功課：就算懼怕也是可以克服的。」

1.艾得理著，中信播譯小組譯，《中國教會長征錄》，臺灣，中國信徒佈道會，一九八八。

2.王正中編，《王明道文庫》，共七冊，臺灣，浸宣出版社，一九七六至一九七八。

第四章

失望、否認和違抗

這位身材瘦弱的五十五歲老人，被粗暴地推入監獄時，確實是心驚膽顫。聽到監門被緊緊鎖上的響聲時，他搖晃地想保持平衡，因他有點暈眩；他竭力地了解一下環境。在惡臭的小監房裏，已有兩位犯人在冷冷地看着他。

王明道是根據中國刑事法第三類而被判罪的，他同時被政府定爲反革命分子；而如果他過去聽聞的在牢中基督徒的傳言只是部分屬實的話，他也將要面對恐佈的日子。

其中一個囚犯對這位面露懼色的新囚犯傻傻地笑說：「你知道他們要怎樣對付你嗎？」

王明道緘默地搖搖頭。

「他們首先要你躺在地上……」

兩個囚犯互相打了一下眼色。

「然後，把鎗口對着你的腦袋，一扳機就……」

這個突如其來的生命終結的意念，令王明道

全身感受到一種奇特的解脫，因爲那總比在這充滿臭味及恐佈的地方呆一輩子好。但事情繼續發展下去。

「他們知道如何鎗斃你這傳道人！子彈不會穿過你的腦袋，而是穿過你的頭，由一頭進，另一頭出，叫你劇痛至死，那痛楚……」他故意停了一會，「讓你慢慢流血。」

兩人旋即哄然大笑。王明道從來不以爲自己是一個勇敢的人。他對所篤信的立場堅定，而他爲眞道爭辯之時，他有着鐵一般的意志持守立場。但是，面對肉身的痛苦嘛？想到這裏，他的四肢發輭。對於聲名狼藉的中國監獄裏駭人聽聞的虐待事件，他確是毫無心理準備的。

在這種度日如年的日子裏，王明道心裏禱告着：「神啊！我並不否認祢的存在，但我不願意再事奉祢了！」他沉痛地向天哀訴着。「不論我如何求告祢，神啊！情況也沒有轉變。」

同監兩囚犯都不是基督徒，一個姓孟、一個姓黃。雖然他們同是囚犯，但是他們仍期待王改變思想。如果他眞的改變，他們希望他們的刑期或許會縮減，作爲一種報酬。

在一九五五年除夕，其中一個說：「新年快到了，讓我們談談各人的想法吧。」

王明道把內心的掙扎說了出來。他坦率地表示，他開始懷疑神的存在。同囚的犯人聽了十分高興，「好！恭喜你，你很快就會出獄的了。」

另一個也輕聲地笑着說：「你知道共產黨人是不信神的。現在你已經有懷疑，你很快就能出去的。你應該開始寫你的上訴了。」

王明道周詳地、懊悔地開始動筆。在那時期，當局已停止審訊他達一個多月。每天從早到晚，他就是跟這兩囚犯關在一起。

「趕快寫！今天就把它寫好吧……就快到新年了，你會在一九五六年有一個好的開端。」

王明道的親筆上訴一交到當權者的手裏，當局馬上就安排了一次審訊。消沉的王明道站在控方面前承認說：「是的……我想我已開始懷疑神的存在了……」

現在，王明道不再受到粗暴的對待，他反而覺得他們待他很客氣，確實是非常客氣。他被邀坐在火爐旁，跟一位審訊員一起交談。那人是黨的領導人員。

「我看了你的上訴，我感到很高興。你終於對神有懷疑了。共產黨非常歡迎基督徒有這樣的改變。」審訊員這樣說。

兩人沉默地對視了一會，竭力猜測對方心裏所想的是甚麼。這位審訊員又說：「我曾對你有不同的念頭，一是把你殺掉，但我看到你的天資後，我想留下你，讓你爲我們政府做點事。」

王明道有點困惑，「我能爲政府作甚麼呢？」

「繼續作你過去作的，王先生，你可以講道！」

審訊員笑着說：「你可以重操故業！你可以很有權威和假裝地說一些『話』。至於你裏面想的是甚麼都沒關係，你的口仍可以替政府作好工作。」

王明道聽後心裏很不好受。自從他十四歲那年得救開始，他已決定不講一句謊話。他四十一年來都痛恨說謊，難道現在他就作這種事嗎？

經過反覆內省，王明道拒絕獲釋的建議。他或許會懷疑神，卻肯定不能容許自己假冒爲善以度餘生。

兩個同房的囚犯譏笑他，「你眞瘋了！那是無大礙的，說個謊又怕甚麼。漸漸地你就會習慣，並且不會覺得有問題。」

儘管如此，王明道仍然立場堅定，直到他聽聞愛妻身處險境之日。他得知他夫人的飲食很差，她因營養不足，身體愈來愈不好。如果不立即採取行動，她會性命不保。

王明道聽到這令人悲痛的消息後，終於寫下了謊言而獲釋放。「我願意接受政府的提議。政府要我怎麼講，我就怎麼講。」王明道不是眞的想這樣作，現在只是假裝而已。

不到兩個月，審訊員說：「你和你的妻子都是好囚犯，政府要對你們從寬處理。」

王明道在謊言中又加上一句，「好，我出監後就參加『三自』。」他並沒有這意圖，他恐怕如果不這樣說一下，他們永遠出不了監。

王明道從來沒有這樣痛苦難受過。因爲多少年來，他講道時一直指責不誠實的行爲，但如今怎會弄成這樣，爲了自己出監，寧可說謊！

王明道愁眉苦臉、問心有愧，坐在發臭的囚牢角落裏；在黑暗中，自殺的念頭籠罩着他的思想。**我得先把妻子弄出監，把她交給她母親，她**

在那裏比較安全。然後，我就跳樓自殺。因為事至今日，我怎麼活下去呢？我沒有理由再活下去了。

出監前，當局要王明道寫一份書面報告。領導要他寫甚麼，他都照寫了。他從晚上九點一直寫到次日中午十二點。第二天，領導要他怎樣修改，他就照樣修改。

接着叫他羞辱的是，他被迫帶着報告到青年會。

「但是……我一直反對青年會。」王明道疲弱地回答。

「很遺憾！你一定要在那裏宣讀你的報告。不然，你的妻子就不得釋放。」

王明道站在青年會會衆面前，垂頭喪氣，兩眼無神，朗誦了這份徹頭徹尾都是謊言的報告。

他不愉快地朗誦後，一個青年要求把他的稿子做一份副本。不久，報告全文就登載在當時普及的「三自」刊物《天風》上。王明道心裏很難過，很快就病倒了。

據很多人說，王明道在他家附近一直徘徊，喃喃自語地說：「我是彼得……我是彼得。」

多月來，政府一直在等他出來講道，「三自會」一直在等他加入。最終，他們看出王明道無意履行他那假報告中的諾言，於是他們再度拘捕王明道夫婦，在這次，一個更嚴厲的刑罰臨到他們。

王明道已經下定決心，決不改變他的「反革命」態度。他因而被判無期徒刑，終身剝奪政治權利。他的妻子被判處徒刑十五年。

王明道一切都完了，完全絕望了。他心裏滿是痛苦和絕望，他實在無法逃避。他已經撒了謊，已經失了足；他在地上已經找不到可得安慰之處了，擺在他面前的只有死路一條。多天以來，他總是悶悶不樂地看着那陰沉沉的、要呆一輩子的牢房；他沒有前途，沒有明天，沒有人生的目的。

然而，有一天，他不知那是早晨還是晚上，一段經文在他那痛苦的心中浮現，那是他二十一歲時就記住的經文。

「至於我，我要仰望耶和華，要等候那救我的神。我的神必應允我。我的仇敵啊！不要向我誇耀；我雖跌倒，卻要起來。我雖坐在黑暗裏，耶和華卻作我的光。我要忍受耶和華的惱怒，因我得罪了祂。直等祂爲我辨屈，爲我伸冤。祂必領我到光明中，我必得見祂的公義。」（彌七7～9）

漸漸地，曙光初露，王明道開始了解到，他被判處無期徒刑，主要是因爲他得罪了神。他犯了哪種罪呢？他撒了謊！他默默地對自己說，別人說謊，可作別論，但我王明道說謊，卻是犯了最大的罪。爲甚麼？因我長久以來最恨說謊。在衆人中，我應該對這考驗有最充分的準備；然而，我失敗了。我沒有理由向神發怒，完全是我咎由自取！

幾天內王明道就被指派到監獄的醫療所。雖然在那裏的人大多病得很重，但那裏有陽光，地方比較乾爽。那地方肯定比他以前住的牢房好得多。

王明道在第一份報告中，寫的句句都是假話，懼怕驅使他寫下謊言。但現在，他已無所畏懼，一點也不害怕了。

「我從來沒有犯過任何法律！」他大膽地寫着：「我坐牢純粹是因爲我堅決反對三自運動。我還要繼續反對……」

王明道不停地寫，共寫了十個月，近一千頁紙。他寫得很細心，字體盡量小。他那挑戰性的報告，任誰看了都會吃驚，它使一些人不快，又使另外一些人大怒。王明道所面對的戰鬥已進入了一個新奇的轉捩點。

王明道不再懼怕了。

第五章

監門的鑰匙

在長安街雄偉的高樓大廈樓頂上，緋紅的旗幟在銀灰色的天空下迎風飄展，顯得格外壯麗。在這下午時分，這一切自豪地顯示了共產政權的絕對領導權，向所有駐足觀看者宣告中國的權力和尊榮。毛澤東的畫像正好俯視着這一切。

在若干英里外一個監獄裏，卻出現了另一幅絕然不同的圖畫。在建築物外，慘叫聲受到壓抑，連無情的、擊打青腫肌肉的聲音也幾乎難以聽見；然而，如平常一樣，當局在這天正鼓勵基督徒改變思想，而他們卻以血和驚人的痛楚來換取自己對信仰的忠誠。

當局極少向西方訪客透露這些事情。中國基督徒會報以微笑和讚美神，多過複述自己在監獄期間所受之迫害。中國基督徒都明顯地赦免了那些惡待他們的人，所以，只有謹慎地在他們不願意的眼神下才可搜集到他們的故事。

然而，一些來源可靠的故事，經過多次的複

述後，已成爲衆所周知的事實。

有一個醫生拒絕承認毛主席比基督偉大，於是就被脫光衣服，受鞭打和凌辱；最後，他爲了信仰而被弔死。

有一個婦人被打得昏厥，醒來的時候，發現自己躺在佈滿寄生蟲的便溺堆中。她向神求智慧和力量，也求神讓她在這可怕的地方傳福音。

忽然，她心生一念，覺得可以把那極爲骯髒的牢房打掃得一乾二淨，她主動地打掃起來。她這樣擦洗打掃的時候，她那見證引領了十多個同室囚犯信耶穌。

有一個又孤單又傷心的老師，在監獄的院子勇敢地唱起一首優美的古老詩歌《一路引導》，其他的基督徒一個接一個在柔和的歌詞中得着希望。他們紛紛向同囚的犯人述說信耶穌的事。幾天之內，有數十個囚犯接受了福音。

那些能夠從監獄中活着出來的人，最好忘記監獄那地方。中國監獄向以殘酷、不人道和思想虐待著稱，而這正是那些熱中於酷刑的當權者向人民展示的珍品。

然而，這並不意味把獄中所學的功課也忘掉。從恐怖環境中出來的聖徒面上都閃爍着光輝，有如晨曦。他們的生命脫下了世俗的纏累，他們的心不會受懼怕影響。他們失去了地上的一切，卻得着天上的基業。

到七十年代末，王明道心中沒有寄望，只知自己會死在獄中。他心滿意足，因爲他了解到，沒有甚麼事物可再成爲他的威脅。他已受過一切折磨，然而，他仍活着。

一天下午，他兒子在獄中出現，接他回家去。「你在這幹甚麼？你爲甚麼會來？」這老人家不知兒子怎會在這裏突然出現。

「我剛接到電報：『收電報後，速來接王明道回家。』那不是你發的電報嗎？」

他兒子以爲這電報是父親發的，事實上卻不是。監獄負責人想遣走這位倔强的傳道人，於是發電報把他兒子叫來。

「我不走！」他宣告。他要等到他的案情完全弄清楚之後才走。「我是爲我的信仰而坐牢，不是因爲我犯了甚麼罪。感謝神，從我歸主到我坐牢，我沒有作過任何有愧於心之事。我坐牢單純是因爲我的信仰，這一點一定要澄清，否則，我就不走。」

「但是爸爸，這裏的情況實在糟透了。若你離開，就自由了……」

「我不在乎。他們必定要徹底澄清我的案件，我才可以昂首闊步地走出監門。」

就這樣，到了一九八〇年，這位虛弱的、視覺和聽覺都漸失的牧者王明道，終於在八十高齡之時獲得釋放了。他心愛的妻子在三年前因身體不好而獲釋回家。兒子爲他倆在上海安排了住所，我就是在上海這個大城市林弟兄的家裏初次見到他倆。

我們初次見面之後的一天，我可以和王明道談到他在獄中的經歷。我記得我一面坐在王明道家裏，一面感到疑惑，我能否受得了監牢生涯。

在這些生命受過嚴峻考驗的人身上，總是有許多值得學習的地方，他們的經歷是神聖的，我知道這也是我的需要。但他們是怎樣走過這段路而得着聖潔的生命樣式呢？

「王叔叔，在監獄裏你遇到的試探多嗎？」我開始發問。

「你聽到那些試探人的事時，一定會很驚奇。在監裏，我碰到一個來自波蘭的人，他因爲財務上的原因被判入獄。他在監裏每個月都收到一大紙箱的食品，甚麼餅乾、乳酪、飲品……都有，他從來不數一下他的餅乾。一天，他去了勞動營，留下我一個人，還有他的美味食品。

「他有那麼多，並且我知道他對那些食物也是無所謂的。我眞的遇到試探，想偷一兩塊。但我想如果我去偷而又被看守的發現了，那末，王明道偷東西吃的消息就很快會傳開來……那就會羞辱神的名。」

啊！我的天，我在那裏想，**他竟在一小塊餅乾的事上也考慮聖潔的問題**。我愈來愈感到，他極之殷切看重神的榮耀，這或許就是他能與神同行的鑰匙和祕密。我要從這老人家身上所學的功課何其多呀！我審視着他那張有皺紋的臉，這張臉訴說着一個强而有力的故事。他已經掉了很多牙，也幾乎盲了。然而，他喜樂的笑容展示出一種美，一種與神同在的生命的美。

「還有別的試探嗎？」我追問着。

他點了點頭。「肉體上的折磨會使你……」

「算了吧！」他妻子突然打斷他的話。「有許多事情是你不應提的！」

他親切地看着她，歇了一下。我們沉默了一會，我知道應該換個話題。當然，我不應該讓這位神忠心的僕人因那些話題而惹上麻煩。我只是想找出那使他火熱渴慕神的榮耀的祕訣，是不是在獄中禱告或讚美的生活所致呢？我問：「你在監獄裏有天天禱告嗎？」

「在監裏，你不能大聲禱告，也不能閉眼禱告。你只能心裏默默禱告。」

「唱詩歌可以嗎？」

「出監前的幾年中，我經常在院子裏唱詩。囚犯會問：『你唱甚麼？』看守的人當然知道，但他們不能控制我。因爲他們知道無法改造王明道這人，所以也就放棄了。」

他妻子笑着搖搖頭說：「我認爲，獄中的負責人特別照顧他。監獄是不准哼歌、談話或討論的。但王明道每天都可以在院子裏漫步和唱歌。」她說着又笑了，我也笑了起來。我能夠想像得到，儘管事事不如意，神的孩子仍帶着喜悅頌讚天父。

那老人家也笑了笑說：「有一次，一個看監的對我講：『你現在進步了，不再傳福音啦。』我說：『不是我不想傳，只是沒有人想聽。』如果信耶穌就得坐牢，誰還想聽這帶給人麻煩的信仰呢？」

他妻子又示意他別提過去的事。她對他的直言坦率，時時保持警覺。她轉身對我說：「對不起，還是分享他曾宣講過的神的話吧，因爲這倒是最重要的。」

我看着他倆，深受她的細心所感動。**她眞愛他！**我在想，**他倆分開了二十三年，看到他們還是那樣堅守承諾，深愛對方，眞是一件美事啊！**

「就分享一下他所講過的神的話吧……」他倆對神話語的全然倚靠必定是他們受苦時得勝的主要祕訣。他們不但在牢裏倚靠神的話，現時在家裏也在牆上掛着用中文寫的經文。有一段經文似乎特別適合描寫王明道的生平。

「叔叔，有一段經文像是向我提及你。」我說。

他很細心地聽我念。「弟兄們！我們不要你們不曉得，我們從前在亞西亞遭遇苦難，被壓太重，力不能勝，甚至連活命的指望都絕了；自己心裏也斷定是必死的，叫我們不靠自己，只靠叫死人復活的神。」（林後一8～9）

「你已經歷過這種沉重代價的時刻，也在痛苦的地方學習了更深地倚靠神。神怎樣滿足你迫切的需要，並帶出祂的勝利呢？」

這位老先生停了停說：「在絕望中，我想起了聖經，神的話就給我力量。有那麼的一天，我忽然想起以賽亞書五十五章裏的話，『你們必歡歡喜喜而出來，平平安安蒙引導；大山小山必在你們面前發聲歌唱，田野的樹木也都拍掌。松樹長出代替荆棘；番石榴長出代替蒺藜。這要爲耶和華留名，作爲永遠的證據，不能剪除。』（賽五十五12～13）」

這老人家的慧眼裏閃爍出喜樂，他繼續說：

「眞的！過了幾年，我就出監了。在想及這些經節前我還以爲自己會在獄中終老。我總以爲我會老死獄中，但神的話說：『你們必歡歡喜喜而出來。』神的話語眞奇妙，只要你把神的應許和敎訓牢牢記住，在你有需要的時候，這些話就會給你帶來力量、安慰和希望。」

這位老聖徒的心靈充滿了神的話語，然後藉着神的話語得勝，禱告也應是這樣的吧。

他接着說：「聖經告訴我們『要不住地禱告』。禱告是不受任何限制的，不論何時何地，在車上或是在街上，你總可禱告。如果你騎着自行車，不能閉上眼，但你必定可以在心裏默默禱告。

「在監獄裏，我不能閉上眼禱告。但每逢坐在談話的人叢中，我仍舊可以心裏禱告。晚上躺在牀上，我也可以禱告。禱告是不受限制的，也沒有特定形式，跪着、站着、躺下、坐着，任何地方、任何時候，你都可以禱告。

「不斷禱告，不斷祈求！」

「這是不是你對我和在掙扎中渴求得勝和安慰的西方弟兄姊妹要說的話呢？叔叔，我們很渴想知道呢。」

「本仁約翰的《天路歷程》描述了一個基督徒和他的經歷，我經歷過類似的遭遇。我受到拘禁時，也發怨言，並咒詛神。

「書中所記的基督徒在絕望的時候也是一樣的，那些被巨人抓了的人也在絕望中；他們被關在鋼門裏，無法逃脫。後來，他們得到了鑰匙，打開鋼門，終於逃走了。那是把甚麼鑰匙呢？就是神的話。藉着神的話，他們就脫離了絕望之境。

「熟記聖經是非常非常重要的，你不一定要記哪卷哪章哪節，只要把神的話牢牢記在心中就行。

「神的話帶給我生平中最美好的時刻。」

「叔叔，你說的最美好時刻是指甚麼呢？」**或許是他出監那天吧**，我想，**又或許是早期他進監前的舒服日子吧**。

不，這不是他的想法。他渴求聖潔的心使他有完全不同的看法。

「我生平中最美好的時刻，就是我勝過謊言的時候。」

「你在甚麼時候勝過謊言的呢？」

「不錯，最美好的時刻一到，我心裏就滿了喜樂。我得回喜樂、平安和力量。在我向神認罪之前，有很長的一段時間我都不想活了。若不是神的保守，我早已不在人間了。

「然而，正是神的話拯救了我……」

我問：「這是不是你對許多仍在混亂、掙扎和受苦中的人所提供的祕訣呢？」好一會，我的腦海閃過許多現今世界爲患難和壓迫所提供的答案。

對於這雙一生飽受患難的夫婦，答案竟是那樣詳和且簡潔。

王明道看一看他妻子，他倆臉上泛起了心意互通的微笑，令他們的皺紋更加明顯。他們的心中沒有可能再有別的答案了。你如何幫助在患難中的人呢？

「跟他們一起分享神的話！」

第三部

他的疼痛

「背棄就是背棄，
眞理必叫你們得以自由。」

——王明道

第六章

教會內的爭鬪

他們一個接一個到達，穿的都是不起眼的藍色、灰色或草綠色的衣服，他們先靜靜地互相打個招呼，然後才找個空椅子坐下。屋裏充滿着一種興奮和期望的心情；每有一個或是一對到達，他們更感到喜悅。不久，大家就開始唱詩歌了。

經過一段敬拜和頌讚的時間後，一位年紀較長的弟兄站起來禱告。當中每個人都遞一張小紙條給他，他很快整理好那些印刷仔細的紙條，就開始讀起來。他手上有他的研經課的全部經文。

聖經信息完畢，接著的是一段衷心禱告的時間。他們明顯地非常關心他人，對我這越洋而來的外賓也不例外。他們的彼此代禱之情實在感人至深。他們爲自己禱告，也爲國家和這簡陋小屋以外的整個世界禱告。

時間過得很快，聚會結束後，這小型基督徒聚會慢慢解散，他們在那村莊裏靜悄悄地消失，像來的時候一樣。若主許可的話，他們會在下一星期再聚會。這中國家庭聚會結束了。

今天，中國的基督徒羣體就在這樣的環境中興旺起來。衆所周知，現在於中華人民共和國裏做禮拜，已是合法的了。近幾年，政府似乎放鬆了控制。政府資助的「三自愛國運動」已有其自己的會堂、傳道人和會衆。很多不再受束縛的基督徒紛紛參加三自的禮拜，並爲到這樣公開唱詩、禱告和聽道的自由而滿心感謝。

然而，在家庭教會，中國隱蔽的基督徒羣體的脈搏在强烈地、卜卜地跳動。他們能夠放心地來這裏，信任每週都見面的熟人。他們也確實知道，家庭聚會中傳講神眞理的人，自己是靠神的話而生活的，他們並且深深知道，他是冒著生命危險傳講眞道的。

王明道被捕，就是因爲他拒絕參加三自運動。當局根據一連串罪名拘捕他，主要具體罪狀有三：王明道不支持政府，明顯批評攻擊政府政策；不與「三自」合作；他的講道是「極端獨立，動機不明……致使整個基督教運動遭損害」。

奇怪的是，在二十年代，三自的觀念尚未傳入中國時，教會內已有這觀念，其目的是要建立自給自足的中國教會，不靠西方差會資助。當初的原意是叫中國本地的教會能夠靠自己的力量健康地成長。

王明道對華北基督教聯合促進會曾表過一次態，從中我們可以看出他對「三自」觀念的反應：

「既然，貴會的宗旨是協助那些西方差會資助的教會變成自治、自養和自傳的

> 教會，那末，我認爲我就沒有必要參加了，因我的教會自成立以來，已經是自治、自養、自傳的了。」

若干年後，到了五十年代，當局再度提倡「三自」，但其意義卻完全變了。三自愛國會成立時，它明顯的作用是讓政府管制所有的教會，促使教會成爲服從及配合政府政策的一股力量。其主要字眼是：

> 所謂自治，是指教會脫離帝國主義的統治。
>
> 自養，是指教會拒絕帝國主義的經濟援助。
>
> 自傳，是指教會不宣傳帝國主義的思想意識，而是宣傳中國教會的福音。

這新運動無可救藥地與政治掛鈎，與二十年代的三自完全不同，它是共產黨的工具，這與王明道所持的原則眞是相去十萬八千里！

「順從神，不順從人，是應當的。」（徒五29） 王明道講過這話不知多少次。現今在王明道的心裏，這句話的眞義就像眞金一樣備受考驗。他的個性强硬，不易妥協。面對眞理和政治之間的抉擇，王明道選了眞理。當然，他選擇眞理，就等於選擇了監獄。

「三自採取的是自由神學。」王明道對人說：「我可舉出五個理由證明自由神學是錯誤的，它否定聖經無誤、耶穌由童貞女所生、救恩使罪得贖、身體的復活、耶穌的再來。你失去了這些教義，就等於失去了一切。」

王明道也深感，信與不信的不能同負一軛，根本兩者之間沒有合作的共同基礎，他又怎能參加「三自」呢？

今天，「三自」的教會仍在全中國擴展，而且，有如過往，「三自」在基督教界應有的地位問題還常在爭論之中。

中國共產黨對這種國家辦的宗教組織，下過明確的定義（引自艾得理著，《中國教會長征錄》）：

> 「各級宗教愛國組織的基本任務是，協助政府執行宗教信仰自由的政策，並協助宗教界人士，不斷提高他們的愛國主義和社會主義覺悟……所有愛國的宗教組織都應當服從黨和政府的領導。」[1]
>
> 黨對宗教的看法是如何？
>
> 「宗教是人類社會發展中某一階段的歷史現象。它有其發生、發展和消亡的幾個階段……在人類歷史中，宗教最終是會消亡的，但它只會在社會主義和共產主義長期發展後，一切客觀條件都具備時，才會自然消亡。」[2]

在這樣明確的宗教觀，和有關基督教的推論下，家庭教會和「三自會」更加互相懷疑。此外，一些事件持續在中國出現，似乎加強了「某些三自會成員是信不過」的看法。

沒有人比王明道更堅決反對官方所提出的三自愛國運動的原則了。王明道的生平就是一個對三自不滿和拒絕的宣言。但神是全能的神，神的計劃絕不會受微小的人的政治目的所阻撓。

羅倫斯 (Carl Lawrence) 在《中國教會在共產主義下如何生存和發展》[3]*(The Church in China, How it Survives & Prospers Under Communism)* 一書中作了一個有趣的觀察：

> 「官方的『三自』所註册的牧師和傳道人約有5,900名……無疑，他們其中有很多很好的基督徒，他們感到『三自』是主安排他們事奉的地方……從『三自』的講壇也常常能聽到可靠的福音信息……政府既然不禁制這些教會，其實就等於傳揚耶穌基督的福音，而這卻是政府最反對的。」

但是，凡是有頭腦的中國人都不會受騙。一種明眼的現實主義迫使有頭腦的基督徒看清楚，那裏有共產黨，那裏就潛伏着危險。王明道在獄中難以形容的經歷，提出了一嚴厲的警告：反對國家委辦的「三自」就是把自己的性命交在他人手裏。

總而言之，王明道始終對國家辦的「三自」不妥協。他依照對神的信心而强硬地應付一切，他是一個自小熟悉聖經、清心遵行基督徒原則的人，所以他能夠分辨「三自」與基督眞理之間的差異。

他的「失敗」更是一個緊急的警告，即或像王明道那樣强的屬靈領袖，在「三自」的再教育下也能受到動搖，所以基督徒也不可低估敵人的力量。

今天，許多信徒正在經受王明道受過的折磨，他們也是爲同一原因受折磨。他們在信仰上不肯妥協，拒絕接受得釋放的條件，有些就因此而殉道了。

對西方基督徒來說，這種危險或許還很遙遠。在自由世界信徒的腦海中，西方文化中那自由的特色掃除了任何暴力及肉體迫害的威脅。他們把對受害者的關注拋諸腦後，然而，他們不但沒有培養忍受鞭打、監禁和折磨的心理準備，甚至似乎覺得沒有這個必要。

但是，羅倫斯在一段令人不寒而慄的話中描述他的觀察：

> 「西方的問題是在於，聖經的權威受到侵蝕，令人相信人是宇宙中最終權威而非神。這種對基本基督教信仰的歪曲，正是西方最大的問題所在……
> 我們是不是也一定要經歷馬克思政權的迫害呢？……
> 迫害主要以兩種形式出現：肉體的和心智的。或許我們今天在發達國家正經歷比我們所知的更嚴厲迫害。」[4]

心智上的毒打、屬靈上的監禁、情緒上的折磨——西方基督徒如像王明道那樣委身於眞理時，那末他們也不得不經歷上述這些迫害。誠如羅倫斯觀察所得，那仇敵不是馬克思主義，而是物質主義。每一個生活在西方世界的基督徒，早已看到了那個敵人，他們只能站在它的陣營，或是拒絕它的誘惑。

有人會問，王明道對西方世界有甚麼信息。他會不會只是一位中國賢人，而他那純潔的思想和清晰的概念卻不能引進到我們西方教會？

我和同工都有如此經驗：每次我們訪問中國，從中國帶走的總是大大超過帶進中國的——我們從王明道那樣的信徒所得的屬靈豐富是何等的大呀！

看到他們的例子，我們開始思考一些基本的問題。我們在西方眞正面對的究竟是甚麼？妥協是不是問題呢？受迫害是有可能的嗎？對我們來說，拒絕信仰的危險，是否有如遠在千萬英里外、一位委身眞理的中國牧者所面對的那般眞實？

不論我們生活在世界任何地方，我們可從王明道和其他受過火煉的人身上，學到許多大家所面對的屬靈爭戰方面的功課。我們開始了解，如果我們還不意識到敵人的身分，我們就會爲了混濁的湯而出賣與生俱來的權利。這湯或是權力，或是聲望，或是知名度，又或是財富。

還有一點值得鼓舞的發現是，相對於東方信徒所受的、可見的迫害而言，西方信徒因努力作眞誠基督徒所招致的個人損失、言語上的創傷、難以表白的苦惱等危險，正是一種內在的迫害。

無疑，西方教會也正與撒但爭戰。

在這種意義上，王明道的信息更形重要——那不止是「三自」與家庭教會的爭論，也是自由派堂會與地區性相信聖經的團體之爭？不止是自由與下獄之間的抉擇，也是名譽、財富與無名的忠心之間的抉擇？

不論那些武器是甚麼，所招致的痛楚是非常眞實的；爭戰終歸是爭戰。

不論試探者的假面目是甚麼，他的目的永不改變；否認神終歸是否認神。

不論最終的威脅是甚麼，防衛的方法始終一樣。「你們必曉得眞理，眞理必叫你們得以自由。」（約八32）

否認神就是否認神，然而眞理必叫你們得以自由。

1.艾得理著，《中國教會長征錄》。

2.同上註。

3.Lawrence, Carl, *The Church in China,* How *it Surives and Porspers Under Communism* (Bethany House Publishers, Minneapolis, MN. 1985).

4.同上註。

第四部

他的信息——生命的講章

「苦難是一條使基督徒成爲聖潔和完美的道路。」

——王明道

第七章

人爲甚麼說謊

那天下午，我們又如以往般祕密地去探望王明道先生。那些帶路的弟兄既有愛心也有警覺性，行動都很小心謹慎。我叫司提反和倪安迪早幾個小時出發，而現在兩位年輕弟兄來帶我前往那老人家處。

我們靜悄悄地走向熟悉的門口。他們不想令王明道在政府前爲難，所以沒有讓我們西方人士一下子全部衝進去；我們也都明白審慎的必要。

門開了，他看見我們後便說：「感謝神，祂帶領我們的弟兄來看望我。」

他的熱情變成安祥的微笑，他低聲對我說話。他夫人如常坐在他對面看着他；她的眼神充滿了愛；而她的評語則帶着鼓勵。王明道有時也會對個人講道，那天下午他就對我講了一個熟悉的主題——撒謊。

「說謊……」他說：「不是小事情；我們主的話證明這是輕看不得的。我們不都是認定耶穌是主是師傅嗎？我們就得跟隨祂的腳蹤行。約翰說：『祂並沒有犯罪，口裏也沒有詭詐。』祂從來沒有說過一句謊。」

他對這個題目有很大的由衷感受。我想起了王明道在政府强烈衝擊下的屬靈上的輭弱、失敗。**這眞是他的經驗之談**。

以下就是他所說的：

• • •

人爲甚麼說謊？

我們必須堅持不懈地找出世人說謊的原因。我們都知道神非常憎恨謊言。如果我們正在說謊，我們就需要找出個中原因。也許找出其原因之後，我們就能改變我們犯罪的路程。

有的人很**貪財**，在列王紀下五章15至27節，我們讀到乃縵、以利沙和基哈西的故事。乃縵病得醫治後，那位忠心的先知拒絕乃縵的禮物，不過，基哈西卻追着乃縵，並說了謊，目的是要得到部分以利沙拒絕的禮物。

基哈西爲了貪財而說謊。他見乃縵把一大堆財物放在以利沙眼前，他的貪念就油然而生。基哈西希望以利沙接受以後，會分些給他。但是，以利沙拒不接受，使基哈西一無所得，只有失望。

以利沙發現基哈西的詭詐時，便指責這個僕人，「那人下車轉回迎你的時候，我的心豈沒有去呢？這豈是受銀子、衣裳，買橄欖園、葡萄園、牛羊、僕婢的時候呢？因此乃縵的大痲瘋必沾染你，和你的後裔，直到永遠。」

基哈西因爲貪心而說謊。結果，他不但害了

自己，而且害了子子孫孫。再者，基哈西還不只一次說謊，而是反覆說謊，使問題更嚴重。

如果你不除去貪念，你就永遠沒法克服說謊的行爲！

有的人說謊，是爲了**渴望名譽**。在使徒行傳五章1至11節，亞拿尼亞和撒非喇的行爲就刻劃出這問題。他們不像基哈西爲財說謊，反而是爲了名譽。

他倆賣了田地，暗中留下賣錢，並不會受罰。留下一部分金錢並不是罪。就算他倆留下全部賣田錢，甚至不賣田地，也不是罪。因田產是屬於他們的，賣了田地後的錢也是他們的。神絕不會強迫他們交出。

彼得就指出這一點來。他說：「田地還沒有賣，不是你自己的麼！既賣了，價銀不是你作主麼！」即或他們誠誠實實地奉獻其中的一小部分，神也會悅納。

他們最大的錯誤就是私底下收藏了一部分錢，卻又要說他們奉獻了全部。他們犯了「欺詐」罪，而這不是欺騙人，而是欺詐神！

許多基督徒也像亞拿尼亞和撒非喇；他們爲了名譽就說謊。他們的心懷並不是那麼寬廣，卻希望別人認爲他們是那樣；他們的工作並不那麼美好，卻希望別人讚好；他們的生活並不那麼敬虔，卻希望別人說他們是十分敬虔的；他們未必眞的受過各種沉重的痛苦，卻希望別人說他們受了最大的痛苦。

這些人會誇大其事，或無中生有，捏造事

實，或是竊取別人的功勞歸爲己有。

渴想名譽，不僅導致說謊，還會引起嫉妒。爲了名譽，甚至不惜彼此踐踏。

如果你不能把追求名譽的欲望消除，你也永遠沒法消除謊言！

有的人說謊是爲了**渴想權力**。

撒母耳記下十八章9至15節記載了押沙龍的故事。我們從經文中發現，他不但欺騙其他人，而且也欺騙他父親大衛王。他最後爲此而喪命。

押沙龍心想作王，爲了贏得父親的天下，把自己裝成令人信服的樣子，其實暗裏藏刀，另有陰謀。他大清早就站在城門口的路旁，在那裏與到王前訴訟的人交談。

如果你聽押沙龍和他父親臣民的對話，他講得眞漂亮,似乎是那麼關心臣民。若有人走近要拜見押沙龍，他就會伸手拉住那人，與他親嘴。一個王子怎麼會這樣謙卑和滿有愛憐的呢？他怎能不打動以色列人的心呢？

在教會裏，有時我們也會遇到這種操縱別人的人。他們往往才氣十足而聰明，很快就建立了虛名。他們的誠摯一度是非常眞實的，但是，他們得到的權力愈大，他們控制別人的欲望也愈强。最終，他們就跟押沙龍一樣，露出狐狸尾巴之日，就是他們淪亡之時。

如果你不把權力和控制他人的欲望除掉，你總也沒法除去謊言。

有些人說謊是因爲**陷入了淫亂的罪中**。

在撒母耳記下十三章，我們讀到暗嫩汚辱他

瑪事件。暗嫩迷戀自己的異母妹妹，並想佔有她。爲求達到目的，就說起謊來了。他假裝病倒，要他瑪來照顧她。最後，只剩他們兩人時，他就決定在她身上發洩情慾。

他瑪向他懇求，提議他先正式向大衞王提親，但暗嫩認爲機不可失，他想要就要得到手，且當下就要做到。他好不容易才騙得她和他單獨在一起，他當然不會坐失良機！

暗嫩終因自己的罪惡行徑而遭殺身。他的胞兄押沙龍，自己也好不到那裏，卻爲妹妹他瑪報仇，謀殺了暗嫩。

淫亂的事不一定全是單方面用强所致，有時也可以是雙方苟合而發生的。這種行徑就需要用謊言來掩飾。如果一個人對妻子不忠，他最終會說謊來遮掩自己的淫行。

如果兩人因姦情被逮住，他們就得說更多謊言。他們會用謊言解釋自己與對方的關係，不讓朋友或家人抓住把柄。一旦姦情被揭露時，他們就用謊言保衞自己，免受嚴酷的審判。

說謊和姦淫是不可分割地纏在一起的。我們應當明白，並且戰兢恐懼。如果你不能逃避姦淫，就不可能逃避謊言。

有些人說謊，是爲了**陷害他人**。

在撒母耳記下二十章，我們讀到亞瑪撒被殺事件。約押是大衞的元帥，定意要除去亞瑪撒。他並不在戰役中襲擊他，反而是問候他，抱着他與他親嘴；他接着抓住亞瑪撒的鬍子，用早已收藏的刀刺死他。

約押的口何其甜！他的計何其毒！他的心何其詐！

約押是以色列軍的元帥，他問候亞瑪撒：「我兄弟，你好啊！」他對亞瑪撒似乎眞的那麼謙和憐恤……亞瑪撒必定想自己眞是有福，竟受到元帥如此的尊重，也一定因出乎意料的受寵而感到驚奇。

約押爲何要施這詭計呢？因爲他聽說大衛打算立亞瑪撒作元帥，取代他的位置。大衛此舉是爲了防範押沙龍，他不僅是爲了自己，更是爲了全以色列人的利益；但約押從中作梗。

許多時候，人爲了要傷害他人，就會說謊。反之，如果他不說謊，另一人就會有所防備，就能逃脫他那奸詐的手。一個想傷害別人的人不會流露感受和情緒，會把自己的惡念埋藏在心裏，而不會作出任何表示。

像約押這樣的人眞是多如牛毛。他們的內心充滿了憎恨和嫉妒，也充滿了惡毒和殺機。他們滿口正義、愛心、正直、公正。如果單聽他們嘴裏的話，你不能不讚賞、尊崇他們；但是，他們的行爲遲早會把他們的眞正動機暴露出來。

如果你不鏟除傷害人的惡念，你永不能克服說謊。

一個常見的說謊原因是**隱藏罪行**。

撒母耳記上十五章1至31節，我們可讀到掃羅王說謊之事。在聖經的記載中，沒有一個人像掃羅撒了那樣多的謊言。掃羅的謊言既完美又周到，既莊重又可怕。別人在一件事中頂多說一兩次謊，而掃羅卻可以同時說五個謊言。

掃羅遇見先知撒母耳時，他不等撒母耳開口，便搶先說話。聽聽他怎麼說：「願耶和華賜福與你，耶和華的命令我已遵守了。」這是第一個謊言。

撒母耳的反應是：「我耳中聽見有羊叫、牛鳴，是從哪裏來的呢？」

於是掃羅就說第二個謊言，「這是百姓從亞瑪力人那裏帶來的，因爲他們愛惜上好的牛羊，要獻與耶和華你的神……」

後來，撒母耳責備掃羅。掃羅便接着說第三個謊，「我實在聽從了耶和華的命令，行了耶和華所差遣我行的路，擒了亞瑪力王亞甲來，滅盡了亞瑪力人。」

接着是第四個謊言，「百姓卻在所當滅的物中，取了最好的牛羊，要在吉甲獻與耶和華你的神。」後來，在撒母耳不斷追問之下，掃羅不能再迴避事實，惟有承認自己有罪。然而，他在懺悔之中，還說了一個謊！

「我有罪了，我因懼怕百姓，聽從他們的話，就違背了耶和華的命令和你的言語。」掃羅再找不到藉口，只好承認違命，但他還在說謊。他是一國之君王，且有無上之權力，全國上下都懼怕他，他怎樣能夠說「我懼怕百姓」呢？

如果一個人犯了罪，只要他能誠誠實實地來到神面前悔改認罪，神一定赦免他，把他看作好像沒有犯過罪那樣。但是，聖經警告我們，「遮掩自己罪過的，必不亨通；承認離棄罪過的，必

蒙憐恤。」（箴二十八13）

說謊還有一個理由，而我對此深有體會；人**因爲畏懼**而說謊。

馬可福音 十四章66至72節，我們看到彼得不認主的事，彼得對責難他的女傭宣稱：「我不知道，也不明白你說的是甚麼！」他知道耶穌即將死亡，所以他震顫的恐懼勝過了他的忠心。

懼怕是人說謊的一個主要原因。這些人知道說謊是罪，他們也確實不想說謊，也不打算說謊。但是，有可怕的事件發生時，他們就開始懼怕起來。他們害怕困苦及危險，而且他們要逃避；爲了規避困難和危險，最簡單的辦法就是說謊。

彼得是一個堅强而勇敢的人，他怎麼會一下子那麼輭弱，甚至失敗呢？這豈不令人驚異？奇怪嗎？

不！一點也不奇怪。當一個基督徒身處恐懼之中，只要能逃避危難，他甚麼謊都會說。他可以否認自己所信的神、所事奉的主。他完全可能心裏想的是「黑」，口裏卻在隨他人說：「啊！這是白的。」

這人可以作假見證，陷害他的朋友；但事後良心不安，以致萬分悲痛，最後會像彼得一樣痛哭一場。

我們的主不會重重責備這種基督徒，因祂知道他並非有意要背叛祂，他只是因爲害怕和輭弱而跌倒。祂那慈愛的眼光轉向這罪人之時，他就會悔改。祂奇妙的愛和慈悲的赦免怎能不打動我們的心呢？祂也使我們甘願爲祂而活和爲祂而死。

所以，如果你犯了罪，就得認罪，就得悔改。在你跌倒又站起來後，繼續前進。你只要格外謹慎小心你的每一步，就不會再次跌倒。

如果我們要除去說謊的罪，首先就得鏟除貪心的罪、貪愛名譽的罪、奪權的罪、隱瞞其他罪的罪、嫉妒人的罪，以及淫亂的罪。

我們還必須克服懼怕！懼怕本身就是罪。因懼怕就是不信靠神。如果我們完全尊崇榮耀我們的主，相信祂的大能，信靠祂的信實慈愛，我們就無所畏懼。沒有人、沒有意外、沒有災難、沒有困苦、沒有危險，會使我們懼怕。但願我們降服下來，清楚知道並接受：「懼怕就是罪。」

• • •

王明道講到這裏，就停了下來。我凝望着他，眼淚盈眶。**這裏有一位神的聖徒，一位蒙神赦免的聖徒，他深知道他所說的是甚麼。**

「王叔叔，你眞的認爲懼怕是如此可怕的罪嗎？」我有點想減輕他的歷史包袱。

「大衞弟兄，在聖經裏，神不僅僅把所有的罪羅列了出來，而且把懼怕的罪列在所有其他罪的上面！」

「你的意思是甚麼？」

「我是指啓示錄二十一章8節，『惟有膽怯的、不信的、可憎的、殺人的、淫亂的、行邪術的、拜偶像的，和一切說謊話的，他們的分就在燒着硫磺的火湖裏；這是第二次的死。』」

我們相互對視了一會，我才說：「否認信仰是由於懼怕……不論那是甚麼危險。」

王明道點了點頭，「否認源自懼怕，而懼怕即是說我們不信靠神。

「所以懼怕就是罪。」

第八章

火的洗禮

在上海的海港，潔白耀眼的大船架着奇趣的、像被褥的帆，緩慢而優游地駛過泥黃色澤的舊船旁。每天，有數以百計的大船和數以千計的小汽船在黃浦江面上軋軋作響而過。市區的街道更是熙熙攘攘，非常擠迫。

海港邊上，大街路旁，東方古城的聲聲色色，吸引住一個遠方來的普通遊客。那麼多的臉孔，那麼多的活動；他們思想意識上的差異都似乎消失掉了，被祕密地鎖在友善生活和繁忙工作的外表背後。

就在這上海市的中心，住着一位老人家，他的脆弱身體對物質的世界見證着與衆不同的看法。王明道從不埋怨，他好像從來沒有意思要向人講述他爲堅貞不屈的基督徒立場所付的代價。然而，凡是聽過他所遭受的種種不人道虐待的人，卻總是終身難忘。

一天下午，我們談的事情很多，幸有熱茶提

神。跟往常一樣，話題很快就轉到中國基督教會的困境上。

「王叔叔，現在這裏還有逼迫嗎？是否可以告訴我一些你所見的……」這位老人家看着他妻子。她面上看來有點不安，「不要再講了！」她的兩眼無聲地提醒他，但他沒有照行。

但我知道他會歡然分享這話題屬靈方面的意義，「受苦的目的是甚麼呢？請你跟我談談……」

「苦難造就信徒，它潔淨信徒，幫助信徒遠離罪惡和不義。苦難爲基督徒鋪了通往成聖和完全的道路。」

不久，這位老人家跟我個人分享另外一篇講章，而我知道，他所分享的信息不止是知識，且是生命的經歷。他開始引用一段很熟悉的聖經。

• • •

「我兒！你不可輕看主的管教，被祂責備的時候，也不可灰心；因爲主所愛的祂必管教，又鞭打凡所收納的兒子。你們所忍受的，是神管教你們，待你們如同待兒子；焉有兒子不被父親管教的呢？管教原是衆子所共受的，你們若不受管教，就是私子，不是兒子了。再者，我們曾有生身的父管教我們，我們尚且敬重他，何況萬靈的父，我們豈不更當順服祂得生麼？生身的父都是暫隨己意管教我們；惟有萬靈的父管教我們，是要我們得益處，使我們在祂的聖潔上有分。凡管教的事，當時不覺得快樂，反覺得愁苦；後來卻爲那經練過的人，結出平安的果子，就是義；所以你們要把下垂的手，發酸的腿挺起來，也要爲

自己的腳把道路修直了，使瘸子不至歪腳，反得痊愈。」（來十二5～13）

人的天性喜歡安逸和舒適，但神卻要求我們有高尚的品德和完美的善行。祂知道安逸舒適的環境不如苦難般有利於我們的成長，而神所看到的比人看到的更遠；祂要我們忍受至暫至輕的折磨，好使我們成聖、完全，合乎主用。

在聖經中，火常被用來象徵苦難，這實在最恰當不過。你知道，從礦石中掘到的不是純金和純銀，開採後，那些是一塊塊混有許多雜質的礦石，既不美觀又沒有用處。然而，你怎麼處理這些礦石呢？丟掉嗎？

當然不會，人們決不會因爲礦石不純和質素不高而把它丟掉，他們只會把它放進火裏去，一次、二次，甚至多次多次地煉淨它。精煉的過程愈嚴格，所得到的貴重金屬就愈純愈精。最後，它可以被用來製造最珍貴、最有用的器皿。

在神的眼中，我們信徒就如金子和銀子。神把我們從世界中揀選出來，爲的是要把我們製成貴重的器皿。可是，我們在這腐敗、墮落的社會中浸淫得太久了，而且我們的心靈早被許多雜質污染了。

但神並不因此丟棄我們，祂反而把我們放在折磨的大熔爐裏，燒掉我們的雜質。這過程是多麼痛苦、難以忍受的呀！在這受苦的歷程中，神使我們認我們個人的罪，並且拒絕它；這就是我們學習得到神期望我們得到的、美德的道路。我們漸漸就成爲完全了。

爲此，神爲祂的兒女預備了浸禮的三個步驟：第一步是水的浸禮；第二步是聖靈的浸禮；第三步是火的浸禮。

水和聖靈的浸禮，不難明白。但是，甚麼是火的浸禮呢？要明白這一點，就要讀路加福音十二章49至53節，「我來要把火丟在地上，倘若已經着起來，不也是我所願意的麼？我有當受的浸，還沒有成就，我是何等的迫切呢！你們以爲我來，是叫地上太平麼？我告訴你們，不是，乃是叫人分爭。」

主耶穌說祂來要把火丟在地上，並說祂要看它着起來。這句話是不容易明白的。然而，祂接着說，祂應當受一個浸，祂不受此浸，心不能安息。

祂說此話時，已在約但河裏受過水的浸禮。祂從水裏一上來，祂也接受了聖靈的浸。祂還需要多受甚麼浸呢？從約翰的見證，我們知道耶穌還要受聖靈與火的浸，要知道這不單是爲別人而設的，祂自己必須要先經歷這個浸。

「你們以爲，」祂說：「我來是叫地上太平麼？我告訴你們，不是，乃是叫人分爭。」在這裏，主耶穌說得很清楚，祂把火放在地上，是要引發災難、不安、爭鬭、迫害和許許多多的折磨。祂的美意是甚麼呢？

我們的主這樣作，是因爲那些眞實愛主、跟從主的人，是世界所不容的人。有些時候，他們的家人會反對他們，甚至令家庭發生不合、分裂。這些不合和分裂究竟是好事還是壞事呢？當然是好事！因爲那裏有分裂，那裏就會顯出主眞正的門徒來。這就是爲甚麼我們的主耶穌講到這特別的火時，祂說：「我多麼希望那火早已㸃起來了！」

思考這段話以後，我們就能明白火的浸禮象徵了受苦。使徒彼得深深懂得這火，所以他用這些話安慰他的讀者：「親愛的弟兄啊！有火煉的試驗臨到你們，不要以爲奇怪（似乎是遭遇非常的事），倒要歡喜；因爲你們是與基督一同受苦，使你們在祂榮耀顯現的時候，也可以歡喜快樂。」（彼前四12～13）

水的浸、聖靈的浸、火的浸，我們的主耶穌都受過了這三個浸，祂的門徒必須走祂走過的路，才能進入祂的榮耀裏。基督徒知道這點時，他們就永不會逃避苦難了！

神總要給愛祂的人兩件東西：一是十字架、一是冠冕。凡是要在基督顯現時，得着榮耀冠冕的人，今天就必須背起苦難的十架。

然而，有一個看法是叫人得安慰的，那就是：忍受十架苦難是必然的，但只不過是幾十年而已，基督一旦顯現，這些就完全消失了；而十架換來的，是神所賜的、存到永遠的冠冕。

「所以我們不喪膽，外體雖然毀壞，內心卻一天新似一天。我們這至暫至輕的苦楚，要爲我們成就極重無比永遠的榮耀。原來我們不是顧念所見的，乃是顧念所不見的；因爲所見的是暫時的，所不見的是永遠的。」（林後四16～18）

你是否希望從神得到更大的幫助、益處和更

大的恩典呢？那就不要怕受苦。神總是把恩典和苦難一起賜給愛祂的人。我們不該求神免去苦難，反而當求神加添我們的信心和力量，以確保我們從苦難中得益處。

如果你現在身處試煉和苦難之中，不要視它爲不幸的事；也不要以爲神棄絕了你。如果你這樣想，你就錯了。要提醒自己，苦難總不會無緣無故地來臨。不要忘記聖經所說：「我們曉得萬事都互相效力，叫愛神的人得益處，就是按祂旨意被召的人。」（羅八28）

我們不應該憂慮擔子有多重、環境有多難、痛苦有多大。反而，我們只當問，我是不是身處愛神的人中？如果是的話，無論遇到甚麼境況，神會用它來建立我們——既修剪又安慰。我們惟一的責任是學習愛神。神是信實的，祂決不收回祂的應許。你認眞想想吧！

但請注意一句警告的話，仇敵不喜歡看到神的兒女長進，牠知道神的兒女經過苦難，就會變得更易於得勝，所以牠就集中全力出擊，誘惑那些落在火焰中受試煉的人。

我們基督徒，因着肉體的軟弱，最易受這難以捉摸的攻擊。信心稍一搖動，撒但立即乘虛而入，叫信徒起疑心、埋怨、反叛和拒絕神。牠甚至能使一些人完全垮下來，直墮入牠吞噬的陷阱。爲了防備這個危險，要記住這段經文：

「你們要將一切的憂慮卸給神，因爲祂顧念你們。務要謹守、儆醒，因爲你們的仇敵魔鬼，如同吼叫的獅子，遍地遊行，尋找可吞吃的人；

你們要用堅固的信心抵擋牠，因爲知道你們在世上的衆弟兄，也是經歷這樣的苦難。那賜諸般恩典的神，曾在基督裏召你們，得享祂永遠的榮耀，等你們暫受苦難之後，必要親自成全你們，堅固你們，賜力量給你們。願權能歸給祂，直到永永遠遠！阿們。」（彼前五7～11）

•　•　•

王明道——這位老戰士——坐在那裏。他所說的一言一語都是從他剛描述的大熔爐裏精煉出來的。這使我想起那天在萍的家與王明道見面，當時我在其他七位信徒前的那種榮幸的感覺。現在能有機會聽到他意味深長地講受苦的事，我深感更大的榮幸。

我在想，**苦難可能是監獄，也可能是折磨，又或是死亡；苦難可能是世俗好友微妙的諷刺，也可能是無心了解情況的基督徒的無情論斷；它可以是丈夫的拋棄、妻子的冷漠、子女的夭折，也可以是病痛或受傷，損失或寂寞。**

不論人類苦難的形式怎樣，神的話全都適用……

「王叔叔，我很希望我在美國的朋友，也能像我一樣聽你的信息。」

他笑得很喜樂，「我天天爲自由世界的弟兄姊妹禱告。」他告訴我：「我的禱告是：

「主啊！求祢教導他們不要愛世界，而要愛祢的話！」

第五部

他的歌

「前進！基督的精兵。」

——詩歌《基督精兵》

第九章

另一個角度

王明道的一位朋友艾克文(David Aikman)，是《時代週刊》的著名記者，也確實是全世界受苦基督徒的忠實朋友。他在北京任社長的兩年間，他曾告訴我，他非常珍惜與王明道相見的機會。當然，他會因其專業而有興趣，然而，作爲一個基督徒，他很渴慕與王明道有交通，因王明道是五十多年來爲基督徒福音眞理而屹立的鋼筋石柱之一。

經過事先安排，最後他們於一九八五年會面——世界著名的記者遇上世界著名的牧者。過了一些日子，我有機會和艾克文談到那天他與王明道相聚的情形。那是個傍晚，在美國首都華盛頓一家宜人的餐館內，他與我分享他的一些想法。

「你覺得他怎麼樣，艾克文？你認爲他的性格怎樣？」

「我認爲第一樣最感動我的事情是，他幾乎經歷了人一生中所能經歷的一切事。他似乎已找到門路，藉着基督徒的信心過濾那些經歷。顯然，那是因爲他在坐牢的日子面對過最嚴峻的苦難。

「他所受的不僅是肉身上的苦難，而且是情緒和心靈上的。他能夠善用苦難淨化自己的人格，卻不因此變成怨天尤人。事實上，神用苦難提煉了他的品格。

「在他裏面還湧溢着喜樂，並以高度的幽默感流露了出來。他看來非常幽默呢。最令我印象深刻的是，這充滿幽默感的人眞的可以不再受苦難動搖或攪擾心神了。換了是別人，他們早已因這種苦難而一厥不振了。

「我想，綜合來說，這是一種提煉，一種靈性上的提煉。這眞可以名副其實地說，金子已經煉淨了。」

我點點頭，完全同意他的觀點。「艾克文，你以前沒見過他，是嗎？所以你不認識他……。」

「我在見他面之前的十多年，就已聽聞過他。我知道他是誰，也知道他的事情，和他生平的基本背景。我見到他時，我感到神在王明道身上已經沒有甚麼要對付的了。我又想到，神已與王明道同行多年，不論王明道當時願意與否，他已經讓這段過去的歷史發生了，並平安度過。

「他令我印象最爲深刻的是，過了一小時半或兩小時後，正當我們要分手，他突然站了起來——我正打算離去——他和他夫人就開始唱《基督精兵》這首詩歌。他的舉動完全不是裝出來的，這使我感受良深；那不是討好我的舉動，那是一個再次肯定他心志的老人家的動作。」

我想起我跟王明道也有一次類似的經歷。那天，他也爲我唱同一首歌，同時還像年青人一樣在房間裏步操。想起這事，我就輕聲笑起來。「他有沒有跟你多談他在獄中的經歷？艾克文。」

「我想我曾問過他，在他看來，由獄中生涯所學的、最重要的一個功課是甚麼。西方人士能從他的經歷學到甚麼呢？他直截了當地回答：『神的話，神的話。』」

「他確實會這樣說。」

「我本來希望他能跟我談論很多很多的事，但他確實不想說太多。」

艾克文是專業歷史學家，他比任何人都更知道中國歷史。

「王明道生於一九〇〇年，你能不能給我簡單講一些由那時起在中國曾發生的事？他又經歷過甚麼呢？」

「好！讓我想一想……如果他是在一九〇〇年出生的話，那年適值義和團之亂，那是中國草根階層對西方控制不滿的縮影。西方勢力決定不讓中國的暴亂損害西方人在中國的權益，而中國人就反對這種干預。」

我盡量回顧我記得的中國歷史，「接着發生了甚麼事呢？」

「滿清政府被推翻時，王明道已經是十一歲了，所以王明道曾在中國的帝皇制度下度過十一個年頭，而這個帝皇制度是秦朝於公元前二二一年倡導的。

「一九一一年後，王明道或會跟其他人一樣，對共和政府抱有着期望，豈料希望竟幻滅了。當時的中國實際上已被軍閥割據。後來，中央共和政府掌了權後，內部又開始腐化，政府官員似乎對民間疾苦漠不關心。

「一九二六年國民黨北伐,一九二八年建成一個聯合全中國的合法政府,她是由蔣介石領導的。王明道也可能曾對這聯合政府寄以眞正的期望。」

「孫中山是在這時期前出現的，對嗎？」

「對，是孫中山推翻滿清政府的，但是，直到一九二〇年左右，他才眞正擁有實權，後來於一九二四年逝世。

「當時王明道二十多歲，或許意識到中國的思想衝突。在二十和三十年代中，各種各樣有衝突的世界觀都冒出頭來，競逐認可和優勢的地位。當然，這也標誌着馬克思主義運動的開始。中國共產黨在一九二一年成立。與此同時，受西方教育的知識分子，在美國實用主義——杜威等人——的概念影響下，許多人都認爲民主自由能救中國。」

「大約在這時候，日本就開始對中國採取行動。」

「對，就在這段時期，在中國掀起了一個愛國主義的高潮。大家認爲如果中國能有效地發展科學，並建立民主價值觀，中國就會擺脫消沉和落後的狀況，擠身世界先進國家的行列。

「但是，到三十年代，很多這些知識上的爭

論都結不出果實，因爲日本强而有力地證明，中國政府根本在確保領土安全上無能。

「在這同時，共產黨日漸壯大，在東南各省中由個別的起義，發展成有組織的臨時政府。」

我又想起，正當日本侵略北京城時，王明道的基督徒會堂也剛在北京建成。我問艾克文：「你認爲廣大信徒對所有這些時局的變遷，能作出甚麼反應？」

艾克文搖了搖頭說：「像王明道那樣的人必定爲中國的基督徒對中國國事的進程無能爲力而憂傷。你得記住，中國基督徒的人數，比起中國以外的地方來說，卻不成比例地大呢。

「舉例來說，我們知道在一九四九年共產黨執政的那年，據估計當時有三百萬天主教徒、一百萬基督教徒，而全中國人口有四億五千萬，所以，那只是百分之一。然而，基督徒在大學、軍界、政界、文藝界都佔有很重要的位置，在社會中有一定的整體代表性，但對中國的社會及政治掙扎起不了任何作用。

「所以像王明道這樣的人，心裏一定發出了許多問題。無論如何，他可能會感到，不論天下發生甚麼重大政治問題，他的工作總是傳福音，盡可能帶更多的人進神的國去。」

「大衞弟兄，我能肯定這就是王明道的想法。諷刺地說，他是中國三自會——自治、自養、自傳——的始創人！」

「他設立第一間三自教會，但那是與三自愛國運動風馬牛不相及的。正因爲這原因，他强烈地反對「三自」，況且「三自」與政府又有那樣不可分割的聯繫。」

一陣愉快的表情掠過艾克文的臉。「我肯定，王明道覺得他們沒有任何眞正有關自治、自養、自傳的事可以教育他。」

我聯想到三自會教育起王明道來的景象時，就笑起來。「在四十年代初作一個中國牧者，一定是個很大的挑戰吧！」

「你說得對，在一九三七至一九四五年間，國共聯合抗日，一個傳道人會稍略感到他與當時的事件發展脫了節，全民基本關心的是抗戰勝利。那是一段令人沮喪的時期，但是最艱難的還在後頭呢。」

「中國的內戰嗎？」

「這場內戰是世界上有史以來最大的內戰之一。雙方都動員了數百萬人。當時基督徒都被迫作出抉擇，而那是他們從沒有想像過的抉擇。

「應該與得勝的共產黨政權合作呢？還是跟國民黨避到臺灣去呢？或許對大多數中國人來說，基督教應是與失勢失敗的一方認同。但是基督徒會不會留在大陸，冒險面對逼迫？又或死亡呢？」

我想到遠在地球另一方的老人家，「他肯定看得很淸楚，是嗎？」

「當然囉！王明道是與這世紀的中國一同成長的。五十年代初，中國政府稱那些支持革命的人爲『非黨愛國人士』，對他們採取統戰政策，那時王明道就已看到那種理想主義了。

「他看到五十年代中在毛領導下的中國，左傾思想不斷增長；而毛的疑心也愈來愈大。這自然使基督徒的日子更艱難了。在一九五七年反右運動極左的氣氛中，連王明道自己也被抓起來了。

「那時，一九五七年、一九五八年，確有數十萬中國的知識分子、基督徒和其他人——特別是受過西方教育的——被集中起來送到勞改營去。拿基督徒來說，他們必須被迫支持政府開辦的『三自會』。」

「如果他們不表態，他們的下場會怎樣呢？」

「如果他們不與三自合作，他們差不多就會被稱作反革命分子，因爲三自就等於人民，所以誰不跟三自打成一片，誰就是與人民爲敵。也就是說，任何基督徒或基督徒組織不參加「三自」就是反革命，而這在共產國家是一非常非常嚴重的罪狀。」

我們相會的時間快結束了，艾克文要回到首府華盛頓《時代週刊》辦事處去，我在幾小時內也要回香港了。我看了看錶，聳了聳肩：「最後一個問題，艾克文，王明道的一生對我們有甚麼啓迪？對你又有甚麼啓迪呢？」

「有很多的啓迪。首先，即或祂的選民背棄了神，神還是保守他。有一天晚上，我讀到提摩太前書保羅所說的話，『我們若不認祂，祂也必不認我們。我們縱然失信，祂仍是可信的。因爲祂不能背乎自己。』（提後二12～13）

「我一直不大理解這段經文，但我認爲，神

巴不得我們承認自己是祂的兒女。而那就是神保守我們的條件；否認祂，就是跟祂脫離關係。另一方面，神並不期望我們永遠成爲是信心大師。

「而神對我們是信實的，如果祂失信，祂就與祂的本性不符。

「王明道生平中的綱要是——有些時候，雖然他對神不忠心，但是，神對王明道還是信實的。儘管王明道曾失信，並否認神，他的一生反映了神的信實。

「以持異議的俄國領袖，安納托利 (Anatoly Scharansky) 來說，他的例子向大家展示了一件事——無情地拒絕說二加二等於五或三。

「這些年日以來，王明道平心靜氣、堅韌不拔地在說：『二加二等於四！』」

第六部

他的得勝

「行百里者半九十。」

「要走窄路。」

——王明道

第十章

惟一可怕的事

王明道先生坐在沒有墊子的椅上，他旁邊放着一瓶怒放的鮮黃菊花。在他左邊的書架上有二十多册破舊的書；在他背後的牆上掛着用毛筆寫的箴言。這就是整個房間裏惟一眞正的佈置。

他身穿灰色長褲、深藍色外套；稀薄的頭髮上戴着一頂舊帽子。他說話的時候，顯得生氣勃勃、喜氣洋洋。在他兩夫妻的飯桌上放着一部錄音機。

無論室外的氣溫怎樣低，在他家裏卻總不覺冷，那是因爲靠着牆壁的炭爐帶來了滿室溫暖舒適。王明道最關注客人的舒服與否，那是從開始就明顯不過的事。

王明道講話時，他的愛妻總是在左右陪伴着，他的背後是一扇窗，而一個沒有罩的燈泡從天花板垂下，在白天和黑夜都照亮着整個寓所。

一九八五年的一個下午，我又有機會跟王明道夫婦相聚。這次我還帶了兩位來自紐西蘭的朋友、幾位美國客人，一起享受與兩位長者的歡愉交談。剛開始交談時，一個不速之客突然走了進來。

王明道毫不躊躇，若無其事地講他的故事。他妻子顯得很焦慮，眼神似在懇求他說話小心謹慎，但王明道顯得毫不在意。

此時，我帶來的兩位朋友——分別來自德薩斯州及奧克拉荷馬州，都顯得很緊張。在探訪王明道之前，他們多少感到此行是度假性質，也就跟別的遊客一樣，以為出入都很自由，不會有甚麼人監視。在偶來中國參觀的人看來，共產勢力似是與普通老百姓無關。

但是，我們這次探訪過王明道之後，我的美國朋友的想法就完全改變了。他們離開中國時，他們會帶着很深的個人印象離去，因他們知道耶穌基督的教會仍然受到中國當權者嚴密監視。

曾在一九八七年的一個下午，愛迪、司提反、森和我探訪王明道，我問王明道：「你有沒有信息給海外教會呢？」

他把問題想了一會，然後回答：「在我漫長的歲月中，我經歷了種種的試煉和考驗。詩篇六十六篇真是繪出了我的經歷，第12節說：『我們經過水火，你卻使我們到豐富之地。』

「我已經過了水和火。水確是深，火勢確是猛，但這一切都已成為過去。在過去的二十年中，我多次接近死亡喪命，但每次我都安然度過。

「主帶領我經過了水、經過了火，現在又帶

領我到了豐富之地。這一切都完全是爲了我的益處，『我們曉得萬事都互相效力，叫愛神的人得益處，就是按祂旨意被召的人。』（羅八28）

「我患過多次重病，從一九六一至六二年，我病得幾乎要死，有一年之久躺在牀上，一直吐血，我還會相信自己能活下去嗎？但是，神行了一個神蹟，一年之後，祂徹底醫治了我，兩年多之後，我照了X光，那X光片顯示病菌消失了，傷口癒合了。

「這事之後，許多試煉和惡事又出現了，那些事情都是口舌難以形容的。但是，感謝神，祂使我的信心堅強到底（除了我信心波動的那一點外），祂助我重拾我已有了二十五年的信心，其實，神增强了這信心，好叫這信心現在比以前更堅强。

「由這件事，現在我懂得，神在祂所愛的人的生命中作工的方法眞是奇妙。最使我記憶猶新的，是那些能使我看到神的同在——祂的大能、智慧和恩典——的經歷。

「要一一細說這些事，那怕是一小時，就是一千小時也不夠。

「但總結起來說，神讓我經歷那麼多的試煉和逆境，都是爲了考驗我、煉淨我。祂已經這樣做，所以我最終能比以前更堅强、更淸心、更忠心向神。

「我記得啓示錄二章10節，耶穌對祂的教會所說的話，『你將要受的苦你不用怕，魔鬼要把你們中間幾個人下在監裏，叫你們被試煉。你們必受患難十日。你務要至死忠心，我就賜給你那生命的冠冕。』

「所以，我經受二十二年零十個月的試煉，神不曾叫我損失，我反而得到了最大的福分。

「中國古代有句諺語：『行百里者半九十。』世界上，每個想要做事的人都有個開始，但能堅持到底、完成任務的人是少之又少的。」

我離開王明道家時，我反覆思想他那不平凡的一生。對我們這一兩代人來說，我想他是二千年來至死忠心的基督徒代表人物之一。古今中外，爲主耶穌基督的名而受苦者都不斷出現。

一段很熟悉的經文閃進我腦中。「我們旣有這許多的見證人，如同雲彩圍着我們，就當放下各樣的重擔，脫去容易纏累我們的罪，存心忍耐，奔那擺在我們前頭的路程，仰望爲我們信心創始成終的耶穌。祂因那擺在前面的喜樂，就輕看羞辱，忍受了十字架的苦難，便坐在神寶座的右邊。」（來十二1～2）

橙白兩色的公共汽車把我們載回賓館。在我四周的街道上，有成千上萬不知名的中國人，爲日常生活、爲事業奔波。像世界各地的男男女女一樣，他們也有自己的恐懼、個人的成就，或心如刀割的失望。

所以，那老人家會說：「行百里者半九十。」

這句話對基督徒來說，有着提醒的作用。王明道已選擇跟從耶穌，遇到逆境時他曾回頭，惟有神的寬恕助他重新邁步。

王明道面對痛苦、瀕臨死亡的時候，他失敗

了。而我們常常只是面對生命。生命或死亡，那一樣較可怖呢？

我常想着這位聖徒，勝利地坐在他的小寓所裏；他是一個完全自由的人，他在地上已沒有甚麼可損失的了。今天，在王明道的心中，只有一件事是他畏懼的——否認主。

正當我要離開他，我又轉身問了最後一個問題，「叔叔，你有甚麼寶貴的功課與自由國家的信徒分享呢？」

我還能看到他站在簡陋的門框邊，他用近乎瞎了的眼睛凝視着我的臉。他一邊關門，一邊點頭微笑回答我：「告訴他們，要走窄路。」

論到王明道

王明道遺留給我們的是勇氣、愛和忠心。

數年前，我問他希望在二〇〇〇年的中國看見有甚麼事發生，他的答案大聲而且清晰。他站了起來，倚靠着他的手杖穩固地站在他的椅子旁邊，說：「我希望看見千百萬的中國人能聽到耶穌基督的名字。」隨後他用他那深沉的嗓子唱着：「基督精兵前進……」

王明道確實是耶穌基督的精兵，對他的主宰滿有熱烈的愛和忠誠，他的愛更是有積極行動的。

對我來說，王明道像是我的叔叔。他愛音樂並且喜歡歌唱。我看見他「與喜樂的人同樂」，因他擁有主的喜樂在他裏面；我也看見他「與哀哭的人同哭」，因他是一個富有憐憫、同情心的人。他個性幽默。他不單愛聖經，更把它默念在心中，並使它成爲他個人的品性。他是經常準備好去接受下一個使命。

他從監牢中被釋放出來數天之後，我第一次與他會面，他跟我們談話有兩小時之久，當中他沒有埋怨一句或批評那些逼迫他的人。王叔叔是一位神眞正的用人。

在過去的五十年來，中國的基督教會令人驚異的成長要歸功於像王明道這樣的人堅韌的、不屈不撓的勇氣和膽量。很多人曾誤會王叔叔，但他們也羨慕他的勇氣並常聚集來看他。知道一點關於他的小小事實：王明道是「三自」（自立、自養、自傳）原則其中一個最初期的奠基者。他早在中國共產黨使「三自」官式化以前，便已明白「三自」愛國運動的原則。

從上海到新疆，從哈爾濱到廣州，不少基督徒都曾聽過他坐在他家中的籐椅上所講的信息。

我最大的祈求是人們不會忘記王明道太太，這一位堅强而寶貴的婦人，她曾在他被模造成了這樣的人的過程中佔着重要的位置，她並且在他走這條路時跟隨在他的身旁。他現已走完了他的路，並接受了他的新任務。

附錄一

推薦書目

中文

王明道，《五十年來》，香港，晨星出版社，一九六七。

大衛、吳鼎丹、沙里貝合著，張青天譯，《中國：我愛你》，香港，披利事有限公司，一九八三。

林榮洪，《王明道與中國教會》，香港，中國神學研究院，一九八二。

艾得理著，中信繙譯小組譯，《中國教會長征錄》，臺灣，中國信徒佈道會，一九八八。

賴恩融著，張林滿鎂等譯，《中國教會三巨人》，臺灣，橄欖基金會，一九八四。

林榮洪，《風潮中奮起的中國教會》，香港，天道書樓，一九八五。

趙天恩，《中共對基督教的政策》，臺灣，中華福音神學院出版社，一九八六。

鄭念著，鄭凱譯，《生與死》，臺北，敦煌書局，一九八六。

英文

Butterfield, Fox, *China, Alive in the Bitter Sea*

Lawrence, Carl, *The Church in China: How it Survives and Prospers Under Communism* (Bethany House Publishers, Minneapolis, MN 1985)

'Massacre in Beijing: China's Struggle for Democracy' in *Time* magazine (Warner Books 1989)

National Geographic Society, *Journey Into China* (National Geographic Society, Washington D.C. 1982)

Wallis, Arthur, *China Miracle* (Kingsway Publications, East Sussex 1985)

讀者意見表

緊扣時代 服事教會

以文字傳揚基督真道

衷心多謝你購買本社書籍。本社一直致力以出版事工服事教會，幫助信徒扎根於神的話語，促進靈命增長。為使我們的出版更能滿足你的需要，請填寫下列各項資料，並寄回或傳真予本社。

所購書籍：__________

本書最吸引你的地方：

□作者　□適切性　□文筆　□設計　□實用性

□其他：__________

購買本書地點：

□基道書樓　□基督教書店　□非基督教書店

性別：□男　□女　職業：__________

信仰：□基督徒　□非基督徒

年齡：□ 16 歲或以下　□ 17～25 歲　□ 26～35 歲
□ 36～55 歲　□ 56 歲或以上

學歷：□中三或以下　□中五　□預科
□大學　□研究院

□我欲更多了解基道出版社的事工及考慮支持，請寄給我下列資料：

□機構簡介　□新書資料　□「書中行」書會資料

□《基道文字事工通訊》

姓名：__________ 電話：__________

地址：__________

____

傳真：__________ 電子郵件：__________

其他意見：__________

____

多謝賜教！

意見表可以傳真（2687-0281）或直接郵寄以下地址：
香港沙田火炭坳背灣街26號富騰工業中心1011室
基道出版社編輯部收